기독교문서선교회 (Christian Literature Center: 약칭 CLC)는 1941년 영국 콜체스터에서 켄 아담스에 의해 시작되었으며 국제 본부는 미국 필라델피아에 있습니다.
국제 CLC는 약 650여 명의 선교사들이 59개 나라에서 180개의 서점을 운영하며 이동 도서 차량 40대를 이용하여 문서 보급에 힘쓰고 있으며 이메일 주문을 통해 130여 국으로 책을 공급하고 있는 국제적 문서선교 기관입니다.

추천사 1

설 대 억 목사
샬롯제일장로교회 담임목사

이민자의 삶은 말로 다 설명할 수 없는 고요한 투쟁의 연속이다. 낯선 언어와 문화 속에서 길을 묻고, 익숙했던 것들을 하나둘 내려놓으며 새로이 배워야 하는 시간. 그런 시간 속에서 저자는 '살아 낸다'라는 것의 의미, 그리고 '뿌리내린다'라는 것이 얼마나 귀한 일인지 우리에게 조용히 들려준다.

본서는 한 여성이 이민자로서 미국 땅에 정착해 온 여정을 담은 칼럼 모음집이다. 다정한 문장 사이에는 삶의 무게가 고스란히 배어 있고, 동시에 일상을 바라보는 따뜻한 시선이 곳곳에서 느껴진다. 아픔이 없지 않았지만, 그 아픔을 곱씹으며 피어난 감사와 웃음, 그리고 관계의 소중함이 자연스럽게 묻어난다.

책장을 넘기다 보면, 저자의 삶이 특별해서가 아니라 너무도 보통이기에 더 특별하다는 사실을 깨닫게 된다. 묵묵히 가정을 지키고, 자녀를 기우며, 공동체 안에서 조용히 자리를 지켜 온 한 여성의 이야기. 그러나 그 안에는 누구도 흉내 낼 수 없는 단단함과 진실함이 담겨 있다. 그녀는 말을 아끼되 마음을 다해 기록했고, 고백은 담담하되 울림은 깊다.

본서는 독자에게 삶을 다시 바라보게 하고, 지금 서 있는 자리를 소중히 여기게 만든다. 이민의 길을 걸어온 이들, 혹은 그 길 위에 있는 모든 이에게 조용한 공감과 깊은 격려가 되어 줄 귀한 기록이다. 삶을 품은 글, 이 글이 다시 누군가의 삶을 품게 되기를 바라며 본서를 기쁜 마음으로 추천한다.

추천사 2

정 지 호 선교사
SEED 소속 과테말라 선교사

　박진희 권사의 『박진희의 세상 사는 이야기』 출간을 진심으로 축하한다. 박진희 권사와는 샬롯에서 십여 년 가까운 이웃으로 교제해 왔다. 하나님을 만난 후 그의 삶은 늘 교회 중심이었고, 나누고 섬기는 삶을 즐겼다. 하나님을 사랑하며 남편과 자녀를 사랑하는 마음은 누구보다 깊은 분이셨다.
　우리 가정은 세탁소를 운영하시는 권사님을 통해 이웃 교회 목사라는 이유로 오랫동안 무료 세탁 서비스를 받았다. 지금은 우리가 과테말라 선교사로 옮겨 온 지 얼마 되지 않지만 여기서 아내가 빨래를 힘겹게 다리면서 그 오랜 기간 섬겨 주신 일이 얼마나 대단한 일인지를 생각하며 새삼 고마움을 느낀다.
　이번에 출간되는 본서는 저자의 성실함과 세심함이 그대로 잘 드러나고 있다. 매일매일의 삶을 일기로 남기고, 일상 속에서 경험하고 누린 감사와 감정들을 솔직하게 글로 잘 표현해 내고 있다. 자기의 일상을 공적으로 출간하는 일은 굉장한 용기를 필요로 하는 일이다. 이렇게 자기 삶의 진솔한 발자취를 글로 남기고, 나아가 책으로 출간하여 독자들과 나누게 된 것을 다시 한번 축하한다.
　본서가 신실한 그리스도인으로 일상을 살아 내고, 그 자취를 나누고자 하는 모든 독자에게 격려와 '나도 한번' 도전해 보고픈 마음을 불러일으킬 수 있는 계기가 될 것이라고 확신한다. 그리고 독자들의 사랑을 받는 책이 되기를 기대한다.

추천사 3

이 혜 연 권사
샬롯제일장로교회

　삶이 깊어질수록, 신앙의 여정 또한 조용히 무게를 더해 간다. 어느새 인생의 중반을 지나며, 우리는 때로 질문하게 된다.
　"지금, 나는 잘 가고 있는 걸까?"
　본서는 그 물음에 조용히 응답해 주는 따뜻한 동반자 같은 책이다. 저자는 나의 오랜 친구이자 믿음의 길을 함께 걸어가는 귀한 교우이다. 가까이에서 지켜 본 그의 삶은 소박하지만 깊고, 평범하지만 은혜로 가득 차 있다. 본서에는 그런 그의 일상과 마음, 그리고 하나님과의 사귐이 고스란히 담겨 있다.
　하루하루의 이야기 속에서 우리는 하나님의 손길을 발견하게 된다. 때로는 눈물겹고, 때로는 미소 짓게 하는 이야기들과 삶과 신앙이 어떻게 하나 되어 가는지를 보여 준다. 화려하거나 거창하지 않기에 더욱 진실하게 다가오고, 우리 자신의 이야기처럼 마음에 닿는다.
　본서를 읽는 분마다, 바쁜 일상에서 잊고 지냈던 하나님의 따뜻한 음성을 다시 듣게 되시길 바란다. 그리고 본서가 이 삶의 또 다른 계절을 준비하는 모든 분에게 작은 위로와 깊은 울림이 되기를 기도한다.

추천사 4

장 순 면 장로
샬롯제일장로교회

    28년 전 나 하나 믿고 시작된 이민생활, 앞이 막막하고 말도 그저 한마디 "헬로우"만 겨우 하던 시절을 그린 이야기다. 우리 가정의 이야기지만 이곳에서 우리를 만나 주신 하나님과의 동행 일기다.
    이민의 삶이 힘들고 어렵지만 저자의 시선을 통해 바라본 세상 사는 이야기. 아내의 글을 통해 독자분들도 하나님의 크신 사랑을 경험하는 시간이 되면 좋겠다.

박진희의 세상 사는 이야기
삶과 믿음의 따뜻한 고백

Park Jin-hee's Story of Living in the World
Written by Jinhee Park
All rights reserved.
Korean Edition Copyright ⓒ 2025 by Christian Literature Center, Seoul, Korea.

박진희의 세상 사는 이야기

삶과 믿음의 따뜻한 고백
Fragments of a lived through the word

2025년 12월 19일 초판 발행

지 은 이	|	박진희
편 집	|	조수연
디 자 인	|	소신애
펴 낸 곳	|	(사)기독교문서선교회
등 록	|	제16-25호(1980. 1. 18.)
주 소	|	서울특별시 동대문구 천호대로71길 39
전 화	|	02-586-8761~3(본사) 031-942-8761(영업부)
팩 스	|	02-523-0131(본사) 031-942-8763(영업부)
이 메 일	|	clckor@gmail.com
홈페이지	|	www.clcbook.com
송금계좌	|	기업은행 073-000308-04-020 (사)기독교문서선교회
일련번호	|	2025-97

ISBN 978-89-341-2890-8(03230)

이 책의 출판권은 (사)기독교문서선교회가 소유합니다.
신저작권법에 의해 한국 내에서 보호를 받는 저작물이므로 무단 전재와 무단 복제를 금합니다.

박진희의 세상 사는 이야기

삶과 믿음의 따뜻한 고백
Fragments of a life lived through the Word

박진희 지음

CLC

목차

추천사 1	설 대 억 목사 ǀ 샬롯제일장로교회 담임목사	1
추천사 2	정 지 호 선교사 ǀ SEED 소속 과테말라 선교사	2
추천사 3	이 혜 연 권사 ǀ 샬롯제일장로교회	3
추천사 4	장 순 면 장로 ǀ 샬롯제일장로교회	4
저자 서문		13

제1부
2023년 이야기 14

화 2023-01-03	새해 첫 나의 고백	15
월 2023-01-09	연인이고 친구인 그가 남편이다	17
월 2023-01-16	서로 사랑하자!	19
월 2023-01-23	내가 할 수 있는 일을 찾아서	21
월 2023-01-30	사랑하는 친구에게	23
월 2023-02-06	생장점!	25
월 2023-02-13	내가 오늘 관심 갖는것	27
월 2023-02-20	절기 '우수'와 사순절 작정	29
월 2023-02-27	베이비시터	31
월 2023-03-06	감사할 것을 찾아	33
화 2023-03-14	26일 날, 26년만에 …	35
화 2023-03-21	시간 보내기	37
토 2023-03-25	후회	39
월 2023-04-03	새로운 경험을 향하여	41
일 2023-04-09	매일 새로운 날 1	44
월 2023-04-17	매일 새로운 날 2	47
월 2023-04-24	돌아온 내집!	49
화 2023-05-02	햇빛 좋은 날!	51
월 2023-05-08	갑작스러운 방문!	53
월 2023-05-15	가장 귀한 선물	55
월 2023-05-22	만족하며 사는 삶	57

화 2023-05-30	나에게 주어진 하루	59
화 2023-06-13	내 기도하는 그 시간	61
월 2023-06-19	오늘은 아버지날!	63
화 2023-06-27	6월 순모임	65
화 2023-07-04	7월 연휴	68
월 2023-07-10	인생은 60부터!	71
월 2023-07-17	대책 없는 문제들	73
화 2023-07-25	2023년 하반기를 보내며 …	75
화 2023-08-01	여름나기	77
월 2023-08-07	하나님이 받으실 영광!	79
화 2023-08-15	의사소통이 멀지 않음은 …	81
월 2023-08-21	우연을 가장한 행복한 계획	83
월 2023-08-28	입 안에 돋은 혓바늘	86
화 2023-09-05	화합!	88
월 2023-09-11	내 것이 내 것이 아니다	90
월 2023-09-18	행복해 보이는 모습!	92
월 2023-09-25	감당하고 견뎌야 할 것이 있다	94
월 2023-10-02	어느 가을날	96
월 2023-10-09	바뀌어 가는 것들	98
월 2023-10-16	기대하며 기다리는 시간	100
화 2023-10-24	더 좋은 모습으로 변화되길 …	103
화 2023-10-31	그곳은 여전히 아름답다	105
화 2023-11-07	늘 힘이 넘치는 …	107
화 2023-11-14	그 상처 누가 주는 것일까?	109
화 2023-11-21	여행 3일째!	112
월 2023-11-27	캐나다 여행 이야기	114
월 2023-12-04	일에 차이	117
화 2023-12-12	삼한사온	119
화 2023-12-19	어제와 다른 오늘	121
화 2023-12-26	여러분의 삶은 편안하세요?	123

제2부

2024년 이야기　　　　　　　　　　　125

화 2024-01-02　새로운 마음으로 기대하며 시작합니다　126
월 2024-01-08　한복에 관하여　128
월 2024-01-15　남편은 부재중　130
월 2024-01-22　나의 가슴을 뛰게 하는것!　132
월 2024-01-29　균형　134
월 2024-02-05　다른 이를 위한 기도　136
월 2024-02-12　예쁜 말, 바른말　138
월 2024-02-19　둘째와 막내아들 이야기　140
화 2024-02-27　행복의 척도　142
월 2024-03-04　3월입니다　144
월 2024-03-11　다만, 말을 아낄 뿐이다　146
월 2024-03-18　구경꾼, 싸움꾼, 일꾼　148
월 2024-03-25　오늘 저녁엔 뭘 먹을까?　150
월 2024-04-01　He died for me Jesus　152
화 2024-04-09　어느 천국 환송 예배　154
월 2024-04-15　산을 옮길 만한 믿음이 있어도　156
월 2024-04-22　손녀가 주는 행복　158
화 2024-04-30　생각의 전환　160
월 2024-05-06　사돈, 반갑습니다　162
월 2024-05-13　추억을 만든다　165
화 2024-05-21　기도 제목　167
화 2024-05-28　오늘 하루도 지나갑니다　169
월 2024-06-03　지속적인 만남　171
월 2024-06-10　주는 마음, 받는 마음　173
월 2024-06-17　기쁨의 잔치!　175
월 2024-06-24　은혜 아니면　177

화 2024-07-02	브라질 속에 봉에쩌로	180
화 2024-07-09	북 대서양 산투스에 가다	182
월 2024-07-15	다시 일상으로 …	184
화 2024-07-23	우리에게 맡기신 손자를 만나다	186
월 2024-07-29	잔칫날!	188
화 2024-08-06	기도 응답	191
화 2024-08-13	가족	193
화 2024-08-20	내 마음의 가시	195
월 2024-08-26	이렇게 살아 내기	197
화 2024-09-03	선택된 언어, 좋은 마음	199
화 2024-09-17	함께 살아온 세월 36년!	203
월 2024-09-23	내 사랑하는 자손들에게	205
일 2024-09-30	골프에 관하여 …	207
월 2024-10-07	후회하기 싫어서 …	209
화 2024-10-15	기다리는 마음으로 …	211
화 2024-10-22	가을의 햇살을 받는다	213
월 2024-10-28	소명	215
화 2024-11-05	즐거이 부르는 노래	218
화 2024-11-12	존중하기	220
화 2024-11-19	필라 방문 1	223
화 2024-11-26	필라 방문 2	225
수 2024-12-04	과테말라를 다녀오다 1	227
월 2024-12-09	과테말라를 다녀오다 2	229
월 2024-12-23	원하는 것과 원하지 않는 것	232
화 2024-12-31	어떤 날들이 나를 기다리고 있을까?	234

제3부
2025년 이야기   236

월 2025-01-06 배려	237
화 2025-01-14 새롭게 시작하기	239
화 2025-01-21 고드름이 얼었다	241
화 2025-01-28 사랑의 편지	243
화 2025-02-04 바라는 것에 실상	245
화 2024-02-11 해냈다	247
월 2025-02-17 나 어느 곳에 있든지	249
화 2025-02-25 생각이 다른 사람이 모여서	251
화 2025-03-04 자기연민에 빠진 나!	253
화 2025-03-11 작은 정성이 모여	255
화 2025-03-18 후회 없는 삶 만들기	257
화 2025-03-25 제자 양육? 내가 할 수 있을까	259
월 2025-03-31 텔로스(끝까지) 사랑	261
화 2025-04-08 엄마의 기도	264
화 2025-04-15 신기루	266
화 2025-04-22 고통 중에 얻은 감사	268
월 2025-04-28 지나간 시간, 다가오는 시간	270

저자 서문

박 진 희 권사
샬롯제일장로교회

미국으로 이민을 와서 교회라는 곳을 다니게 되었다. 집을 얻을 수 없고 큰아들을 학교를 보낼 수 없을 때 나에게 도움을 주시고, 위로해 주시는 목사님과 사모님을 만났다. 그리고 그 만남 속에서 기적적인 일을 많이 만나며 교회가 좋아지고 주일에 꼭 가야 하는 곳이 되었다.

그러다 보니 하나님을 믿는 것이 당연한 수순이 되었고 스펀지에 물이 스며들듯이 신앙인으로서 자리매김하게 되었다. 이런 엄마로 인해 큰아들에게 믿음을 심어 주게 되었고 이곳에서 출산한 두 아들에게는 모태신앙이라는 이름을 붙여 주게 되었다.

어느 날, 사모님이 이런 곳에서 칼럼을 쓸 사람을 구한다며 한번 써 보면 어떻겠느냐 하셔서 시작한 지 어느덧 20여 년이 되었다. 본서의 전반적인 내용은 이민 온 가정에서 세 아들을 키우며 만난 어려움과 즐거움, 그리고 부부가 한 곳을 바라보며 신앙생활을 하며 느낀 성도의 삶을 통해 하나님이 주시는 은혜를 기록한 것이다. 나는 하나님이 기뻐하지 않으실 글은 절대 쓰지 않겠다고 다짐했고, 혹시라도 내 글을 읽는 누군가가 하나님을 만나면 좋겠다는 마음으로 써 내려갔다.

매주 금요일에 나오는 주간 신문이기에 월요일엔 원고를 보내야 한다. 그래서 나는 늘 생각하며 메모하고 깨어 있어야 했다. 그것이 나를 성장시키는 큰 밑거름이 되어 주었다고 생각한다. 언제나 함께하시는 하나님을 만나길 간절히 소원한다.

제1부

2023년 이야기

화 2023-01-03

새해 첫 나의 고백

사랑과 은혜가 충만하신 하나님 아버지!

높고 높은 그곳에서 가장 낮은 사람의 모습으로 이 땅에 독생자 외아들을 보내 주사 우리를 구원케 하여 주심을 감사합니다. 죄인인 나를 하나님의 전적인 은혜로 자녀 삼아 주시고, 2023년 새해를 시작하게 하여 주심도 감사합니다.

새해 첫 예배를 드리게 하시고, 목사님의 입술을 통해 순종의 메시지를 주신 주님!

저희에게 순종의 방법까지 친히 알려 주셨사오니 나부터 그리고 모든 성도 마음판에 새겨 어떤 상황 속에서도 나의 유익을 쫓는 것이 아니라 하나님이 주시는 소명에 순종할 수 있도록 인도하여 주소서.

작은 소자에게 한 것이 나에게 한 것이라고 말씀하신 주님!

하나님의 말씀과 상반되는 삶을 살아가고 있는 주님의 자녀들을 용서해 주시고 하나님의 부름에 항변하는 자들을 용서해 주소서. 하나님을 알지 못하는 사람들에게 복음을 전할 수 있기를 간구합니다.

창조주 하나님을 온전히 믿어 믿음의 분량을 쌓아 가게 하시고, 자신들의 욕심에서 시작되는 전쟁이 시작도 없게 하여 주시고 하루빨리 전쟁이 끝이 나고 그곳에 봄이 시작되어 하나님을 찬양하게 하소서. 무엇을 하든 그것이 하나님께 영광을 올려 드리는 삶을 살게 하여 주소서.

선교지에 선교사님들을 눈동자같이 지켜 주셔서 어느 곳에 계실지라도 하나님이 함께하심을 고백하게 하소서. 남편들을 공경하는 아내들이 되기를 기도합니다. 어머니의 기도는 땅에 떨어지지 않는다고 하셨사오니 이 땅의 모든 어머니가 자녀들을 위해 기도하는 그날이 오기를 간절히 원합니다.

"내가 너희를 사랑한 것같이 너희도 서로 사랑하라"라고 말씀하신 주님의 명령을 따르는 자녀들이 되기를 소원합니다. 내가 먼저 손 내밀게 하시고, 내가 먼저 용서하게 하시고 베푸는 것이 하나님의 마음임을 잊지 않게 하소서. 일용할 양식을 주시는 것처럼, 일용할 말씀을 먹게 하여 주소서.

하루를 시작할 때나 마무리할 때마다 하나님과 동행했음을 고백하는 자녀가 되기를 간절히 소원합니다. 하나님 앞에 섰을 때 잘했다고 칭찬받는 주님의 자녀가 되기를 간절히 원합니다. 2023년 시작되는 첫날이오니, 2023년 끝나는 날 하나님이 지켜 주셨음을 고백하는 찬양을 하길 원합니다.

이 모든 고백 우리 주 예수 그리스도의 이름으로 기도합니다. 아멘.

월 2023-01-09

연인이고 친구인 그가 남편이다

하늘에 구름 한 점 없는 청명한 날, 멍하니 하늘을 바라보다가 세상 사는 사람들의 삶을 생각해 보게 되었다. 특별한 일이 있어서가 아니라 새해를 시작하고 보니 다른 사람들은 어떻게 일 년을 계획하고 살지 궁금하게 되었다. 나와 구분이 된다면, 아마도 어디서 사는 것과 주일에, 주중에 교회에 가느냐 하는 정도일 것이다. 어디서 사는 것이 나에겐 중요한 사실이다. 나는 이민자의 삶을 살고 있으니 말이다.

한국에서 살았다면 이렇게 지극히 평범하게 살았을까?

잠자고, 일 나가거나, 학교 가거나, 각자의 자리에서 최선을 다하고 저녁이 되면 집이라는 안식처에 모여 식사하고 아이들은 각자의 방에서 숙제하거나 부모 몰래 게임을 하고 전화기를 볼 것이다.

그렇다면 남편과 나는 어떤가. 남편은 저녁 식사를 마치고 쉼을 얻는다는 이유로 소파에 가장 편한 자세로, 응원하는 누군가의 축구를 보고 나는 저녁 설거지를 끝내고 내 자리(소파 중간쯤에 쿠션을 두 개쯤 등 뒤에 바쳐 놓고 앉는)에서 드라마를 보며 소소한 이야기를 나눈다. 그러다 시간이 되면 잠자리에 들고 다시 아침이 되면 또 주어진 하루를 살기 위해 최선을 다한다. 주중에 교회를 가고 주일에는 예배를 드리며, 그렇게 한 주의 시간을 살다 보면, 어느새 한 달이, 그리고 일 년이 흘러간다.

우리 집은 이제 아들들이 청년이 되어 함께하는 시간이 드물다. 거기다가 여자 친구라도 생기면 나는 저만치 뒷전이다. 내가 서운하다 말을 할라 치면 남편은 열 아들 부럽지 않은 내가 있는데 뭐가 서운하냐며 내려놓으라 이야기한다. 남편이 친구고, 연인이고 자식이다.

남편도 내가 친구고, 연인이고 자식이라 생각할까?

예전에도 둘이 잘 놀았는데, 시간이 흘러 지금의 시간을 바라보니 부부 밖에 없는 것을 느낀다. 측은지심이라고, 상대방을 불쌍하게 바라보면 화해하지 않을 것이 없다. 하나님도 우리를 불쌍히 보시니 죄 많은 우리를 돌보아 주시는 것일 거라 생각한다. 새해 두 번째 주를 살며 나는 다짐한다. 주변의 사람들을 불쌍히 여기며 나의 시선에서 그들을 잘 섬기려 노력하는 올해가 되길 기도한다.

월 2023-01-16

서로 사랑하자!

다음은 〈서로 사랑하자〉 찬양의 가사다. 2023년 사랑으로 시작하자.

〈서로 사랑하자〉

이 풍진 세상을 만났으니 우리 할 일이 무엇인가!
믿음 소망 사랑 중에 제일은 사랑이라

하나님은 곧 사랑이요 주 예수님도 사랑이라
성령 받은 자 큰 증거는 온전한 사랑이라

사랑은 항상 오래 참고 또한 참으로 온유하며
사랑은 시기하지 않고 자랑하지 아니하네
사랑은 교만하지 않고 또한 무례히 행동 않고
자기 유익을 구지 않고 성내시 아니하네
사랑은 남의 악한 것을 기억하지도 아니하며
불의한 것을 기뻐 않고 진리로 기뻐하네
사랑은 무슨 일에 참고 또한,
범사에 믿으며 범사에 항상 바라면서 범사에 견디도다

(후렴) 형제여 서로 사랑하자 우리 서로 사랑하자
사랑의 주님 계명을 지켜 힘써 사랑하자

믿는 우리는 어떻게 사랑해야 할까?

이 질문, 참 어렵게 느껴진다. 내가 하나님의 자녀이기에 나에게 잘한 사람이나 불편한 사람일지라도 사랑해야 한다. 이는 성경에 명시된 말씀이기에 그대로 행해야 한다는 부담감으로 다가올 때도 있다. 물론, 부담스럽기도 하지만 하나님이 서로 사랑하라고 하셨기에 힘들지만 노력해 본다. 하지만, 사랑이란 단어 앞에 자녀에 대한 사랑은 어쩐지 맹목적인 것 같다.

"자녀에 대한 사랑은 우상을 섬기는 것과 같다."

아들의 이 고백이 새삼 마음에 깊이 와닿는다. 내가 키우던 아들이 어느새 장가를 가고 아이를 낳고, 그 아이를 사랑하는 것이 우상이라고 말한다. 어쩌면 내 믿음보다 한 수 위인 것 같다는 생각도 든다. 나도 한때 아이들을 맹목적으로 사랑했고, 그 사랑이 하나님보다 더 사랑하는 우상숭배인 것조차 깨닫지 못했었다. 나도 그랬으니 아들이 손녀에게 하는 사랑은 분명 맹목적이다.

머리로는 알지만 자식, 손녀에게는 머리보다 마음이 먼저 움직인다. 며칠 동안 함께했던 손녀의 얼굴이 아른거린다. 보고 싶다, 우리 첫 손녀 세희. 아침에 공항에서 헤어진 지 얼마나 되었다고 벌써 보고 싶고 손녀를 자랑하고 싶은 마음이 솟아난다.

하나님과의 사랑도 이와 같다는 것을 깨닫는다. 하나님을 사랑하니까, 그분에 대해 이야기하고 싶고, 고백하고 싶고, 만나고 싶고, 그래서 하나님을 만날 순간을 늘 기다리게 된다. 기도 중에, 만남 중에, 말씀 속에서, 혹은 어떤 이와의 대화 속에서 말이다.

월 2023-01-23

내가 할 수 있는 일을 찾아서

새해를 맞이하며 제일 많이 들었던 말이 '2023년 경제 위기'였던 것 같다.

하지만, 이 이야기는 늘 있었던 것 아닌가?

왜냐하면, 우리가 살아 보지 않은 세상이기 때문이다. 예전에 신문사에서 일을 할 때 연말에 만나는 자영업하시는 사장님들이 한결같이 하신 말씀이 있다.

"에고, 내년엔 정말 살기 어려워진다고 하는데 … 어찌해야 하나."

하지만, 그렇게 열심히 한 해를 살다 보면 다시 12월이 찾아오고 비록 어려웠지만 잘 견뎌 냈다고 생각하게 된다. 미국 슈퍼를 가면 잘 모르겠는데, 한국 장을 보는 날이면 물가 인상이 정말 장난이 아닌 것에 고개를 설레설레 흔든다. 우리가 해 먹는 음식 다 거기서 거기인데도, 다시 한번 고민하게 되는 메뉴들이 더러 생겼다. 보통 두 배는 다 오른 것 같다. 파 값은 대체 어찌해야 할지, 예전엔 네 묶음에 1불이던 것이 이제는 한 묶음에 1불이고, 또 어떤 날은 너 비싸기도 하다.

그렇다고 인생 60을 살면서 먹는 것이 비싸서 못해 먹는 일은 없어야 하지 않을까 싶어 과감히 사게 된다. 대신, 조금씩 사게 된다. 일주일 식단을 계획하고 버리는 야채 없이 알뜰하게 먹으려고 노력한다. 예전엔 욕심을 많이 부리는 타입이었는데 말이다. 나는 이런 상황이 절약이란, 아니 '적당히'라는 단어를 내 뇌리에 쏙 넣어 준 것 같아 좋다. 어떤 어려운 상황 속에서도 주시는 교훈을 받기를 바라는 마음이 중요한 것 같다.

얼마 전에는 가게 끝나고 병원에 입원 중이신 교인분을 방문하게 되었다. 참 오랫동안 병중에 계셨고, 신장 이식 수술을 기다리고 계셨다. 일주일에 세 번씩 하는 투석 과정이 얼마나 힘들지 감히 상상조차 되지 않았다. 다행히 이식 수술을 받을 수 있게 되어 병원에 입원하셨지만, 갑자기 심정지를 일으켜 이식 수술은 못하고 심장 수술만 받게 되는 안타까운 일이 있었다. 얼마나 안타깝고, 속상하셨을까.
  하지만, 그 집사님은 대단한 믿음으로, '더 튼튼한 신장을 주시려고 막았을 것'이라며 오히려 우리를 위로했다. 일 끝나고 늦은 시간에 그곳을 방문하게 하신 하나님의 큰 뜻이 있었을 것으로 생각한다. 가기 전에 카드에 위로의 글을 썼던 것이 생각나 나도 모르게 웃음을 지었다. 나의 작은 성의를 담은 그 봉투가 위로가 되길 바라본다. 어렵다고 움츠리기보다는, 내가 할 수 있는 작은 일들을 찾아 행하며, 사람의 도리를 하는 것으로 어렵다는 2023년을 잘 살아 내야겠다.

월 2023-01-30

사랑하는 친구에게

　요 며칠 많이 아팠어. 늘 목감기를 조심해야 하는데, 이번에도 그 녀석이 찾아와 나를 괴롭히며 2주 이상을 참 힘들게 했지. 기침이 심해 밤엔 잠을 못 자고, 그래도 일은 해야 하니 괴롭고.
　하지만, 친구야 지금 네가 겪는 힘듦에 비교가 되겠니?
　정말 미안해. 내가 그 비보를 듣고도 선뜻 연락하지 못한 것은 나 자신의 아픔과 괴로움 때문도 있었지만, 지금 너의 현실에 인간의 말로는 위로할 수 없음을 알기에 하늘에서 네 남편의 환송 잔치가 성대하게 치러지기를 기도만 했어.
　이민 동기로 함께 하나님을 만나고, 우리는 참 재미있게 신앙생활을 했던 것 같아. 목사님의 배려로 함께 여행도 많이 다니고. 그리고 어느새 26년이라는 시간이 흘렀구나. 우리가 먼저 그곳을 떠나 이곳에서 살아내고 있을 때, 네 남편이 암 진단을 받고 수술과 치료를 받으며 우리 모두 노심초사하며 기도했었지.
　다시 재발했다고 했을 때 우리 식구 모두 너희 집을 방문했었어. 함께 먹겠다고 진한 곰국도 끓여 가고, 갈비를 재어 갔지. 네 둘째 아들과 우리 집 장남이 친구이다 보니, 마음이 더 아팠던 것 같아. 그렇게 짧은 만남 후에 네 큰아들이 결혼식을 한다고 해서 필라델피아에 가서 마음껏 축하해 줄 수 있어서 감사했어. 그때도 네 남편은 여전히 아픈 모습이었는데.
　그리고 너희 집 식구 모두 멀리 콜로라도로 이사를 가고 나서부터는 더 만날 수가 없었지. 몇 년 후 우리 집 장남이 결혼식을 할 때, 너희 부부는 한걸음에 달려와 축하해 주었어. 그때 정말 고맙고, 감사한 마음을 어떻게 다 전할 수 있겠니.

  2019년 9월, 우리는 시카고 여행을 위해 그곳에서 만나고 3박 4일 정말 즐겁고 행복한 시간을 보냈어. 물론, 그때도 홍 집사님은 여전히 아픈 모습이었지. 지금 생각해 보니 그때 내 마음으로 내 친구가 얼마나 마음고생을 할지 생각했었어. 사람이 그렇잖아. 내 몸이 아프면 짜증 나고 괴롭잖아. 그 모든 상황을 기쁨으로, 즐거움으로 이겨 내는 너를 보며 참 대단하다고 생각했었어.

  네가 늘 그랬잖아. "아픈 사람이지만 내 곁에 있어 주어서 고맙다"라고. 나도 너처럼 남편을 아껴야 했거든.

  다른 사람들이 뭐라고 말할지라도 나는 이렇게 말하고 싶다!

  친구야 그동안 수고 많았어. 마음껏 슬퍼하고, 이제는 마음의 평안을 찾아 십여 년 세월 동안 남편을 위해 살았으니 이제부터 너를 위한 삶을 살기를 바란다. 언젠가, 곧 너를 만나러 덴버에 갈 수 있기를 고대할게. 하나님께 열심히 기도할 거야. 내 친구가 하루빨리 안정된 삶을 살 수 있도록. 잘 지내고, 건강 꼭 챙기렴.

샬롯에서 친구 진희가!

월 2023-02-06

생장점!

생장점(growing point)은 식물 줄기의 끝부분에 있고, 뿌리의 끝부분에도 존재한다. 새로운 줄기와 잎을 만들어 내는 부분이다. 흥미로운 것은 아직 가지로서 자라지 않은 겨드랑이눈 등의 끝에도 생장점이 존재한다는 사실이다. 그러니까 한마디로 말하면, 새로운 생명 하나를 만나게 되는 것을 말한다.

화초를 많이 키우다 보니 그 매력에 빠져 더 키우고 싶은 마음이 많이 든다. 개체를 늘리고 싶을 때도 많다. 그럴 때면 화초의 생장점이 있는 곳을 잘라 물에 넣어 두곤 한다. 끝부분을 잘라 물에 넣어 두면 2, 3주 만에 뿌리가 나오는 것을 볼 수 있다. 그때 얼마나 신기하고 기쁜지 모른다. 어느 정도 뿌리가 자라면 다시 흙에다 옮겨 심어 또 하나의 화초 식구가 늘어난다. 뿌리가 나온 화초들을 찾아오는 교회 식구들 혹은 원하는 손님들에게 나눔을 하기도 한다.

화초에만 생장점이 있는 것은 아니다. 우리 믿는 모든 사람에게도 생장점이 있다고 생각한다. 나의 믿음에 대한 확신과 기쁨이 있다면, 만나는 사람들에게 하나님을 전하고 싶은 마음이 생기고, 전하며 그 사람이 하나님의 사람이 된다면, 믿음의 생장점에서 또 다른 믿음의 식구가 더해짐을 보게 된다. 누구나 가지고 있는 가능성이지만, 또 누구나 하는 것은 아니겠지만 말이다.

아파서 몇 주 동안 교회를 가지 못했을 때 문득 내 신앙생활의 깊이와 넓이를 알게 되었다. 겨우 안부 전화 몇 통화가 나의 믿음생활과 인간성을 이야기하기에는 바쁜 이민생활과 노고를 아는 나로서는 마음에 썩 드는 판단은 아니라고 생각한다. 하지만, 섭섭이가 내 마음에 차지하기 시작하더니 이런 마음이 들었다.

'누구도 나에게 이러면 안 되는 것 아니야?'

스스로 지옥 속에 갇히는 듯했다. 그동안 베풀었던 것들을 기억하며 서운한 마음, 그리고 자기애에 빠져 마음까지 아파 오는 대체 어찌 된 일인지. 그렇게 오랜만에 교회에 나가 예배드리니 얼마나 기쁜지 모른다. 어제까지 있었던 섭섭증은 다 사라지고, '내가 더 챙겨서 전화하면 되지 뭐' 하는 마음이 들었다. 그렇게 마음먹고 나니 나를 챙겨 주는 여러 사람이 전화를 걸어 안부를 물어봐 준다.

정말 '속물 중의 속물'인 나를 하나님은 얼마나 불쌍하게 보실까?

받을 것을 계산한 마음으로 베푼 것은 정말 아니지만, 내가 가장 연약할 때 나의 본성이 나타남을 보게 하신 주님!

그 앞에 나 자신을 회개하며 깨끗하신 주님을 닮아 가기를 원한다고 다시 한번 고백해 본다.

월 2023-02-13

내가 오늘 관심 갖는것

어느새 2월 중순 발렌타인데이를 기념하는 여러 물건이 마켓마다 가득하다. 그런 날은 이미 오래전에 관심 밖의 일이 되어서인지 쳐다도 안 보게 된다. 요즘 내가 관심을 가지고 고민하는 것은 할머니와 한 달을 함께 할 15개월 된 손녀와 어떻게 시간을 보낼까 하는 것이다.

작년 말쯤 큰아들이 이사할 계획이 있다며, 어쩌면 우리 집과 멀지 않은 곳으로 결정할 뜻을 비쳤다. 며느리 친정 부모님이 중국에서 딸 초청으로 이민을 오시게 되면 부모님의 친구들이 많이 사시는 곳이 랄리인데 (우리 집과는 세 시간 거리), 그곳엔 크고, 유명한 대학교부터 듀크를 비롯한 여러 대학이 즐비한 곳이기도 하여 대학 교수인 사돈들이 일을 할 수도 있다는 기대로 그곳을 정할 것 같다고 말했다.

그러려니 하고 시간이 조금 지나 다시 말하기를 2월 말에 이사를 결정했고, 그곳에 이미 집도 장만했다고 했다. 중요한 사실은 손녀 세희를 이사하는 동안 우리 집에 맡기겠다는 것이다. 그래도 되겠냐는 물음에 아무 생각 없이 이렇게 내답했다.

"그럼 무조건 되지, 되고 말고.
이사 준비하고 이사하고 이삿짐 풀고, 너희 둘을 위해 여행도 갔다 와.
넉넉잡고 한 달, 우리가 세희 잘 보고 있을게."

22년 전 우리 막내를, 가게에서 출산, 육아까지 했는데 뭐가 겁이 나겠는가?

그날 이후부터 온통 함께할 세희를 위해 이런저런 것을 준비하는 것이 내 관심사가 되었다. 제일 먼저 염려되었던 것은 이것이었다.

'가게에 나와 같이 있어야 하는데 어쩌지?'

그리고 아기 키운 지가 너무 오래되어 다 잊어버린 아기 식단과 기억도 나지 않는 아기와 함께하는 시간을 어떻게 보내야 할지에 대한 걱정도 있었다. 여기저기 이야기를 나누어 한 달 동안 가게에서 함께 있어 주실 분을 어렵게 찾았다.
    아기 기저귀, 물티슈, 아기 간식 등을 준비하고 장난감과 매트들은 주위에 아기 엄마들이 빌려 주기로 했다. 아는 지인이 아기 업는 포대기를 선물해 주셔서 얼마나 감사한지 모른다. 다음 주로 다가온 지금은 내가 과연 세희를 잘 볼 수 있을까 하는 염려가 더 커지는 것을 느낀다.
    '아기 본 공덕은 없다'라고 하지만, 눈에 넣어도 안 아플 그 손녀와 한 달이나 함께할 수 있는 기대와 기쁨이 더욱 크기에 기도하게 된다.
    "하나님 아버지!
    저에게 지혜를 허락하여 주셔서 세희가 다치지 않고, 아프지 않게, 좋은 시간을 가질 수 있도록 도와주옵소서. 아멘."

월 2023-02-20

절기 '우수'와 사순절 작정

    24개의 절기 중 봄에 오는 절기 두 번째인 '우수'는 한 해를 준비하는 봄의 길목이며 빗물이라는 뜻을 가진다. 비가 내리기 시작하는 절기라는 의미다. 주일이 지나고 월요일, 그리고 어느새 또 주일.

    이렇게 바쁘게 살아가고 있는 나, 박진희는 잘 살고 있는 걸까?

    하루 종일 찬양을 듣고, 유명하신 목사님들의 설교를 듣고 은혜받았다고 고백하고, 때론 눈물도 흘린다. 〈새롭게 하소서〉의 신앙 간증을 듣고, 감동하고 도전하겠다고 다짐하기도 한다. 이런 행동만으로 내 믿음이 좋다고 하나님의 관계가 좋다고 착각하며 사는 것은 아닌지 뒤돌아보며 진심으로 회개하는 사람이고 싶다.

    편한 곳에서 편안하게 신앙생활을 하는 나는 지진으로 어려움을 겪고 있는 터키(99.8퍼센트가 무슬림이라고 하더군요)를 두고 한 번이라도 기도해 본 적이 있었던가. 지진이라는 대자연의 참사를 겪는 지금에서야 기도하는 나는 '하나님의 사랑을 전하는 사람'이었는지를 생각해 본다. 주어진 하루를 내 만족에 흡족해하니 그것이 하나님이 기뻐하실 것이라는 착각에 빠져 산 것은 아닌지도 스스로 돌아보게 된다.

    2023년 사순절 기간이 2월 22일 수요일부터 4월 6일 목요일까지 40일이다. 이 40일은 예수님께서 광야에서 사탄의 유혹을 이겨 내고, 공생애를 준비하신 기간이다. 이때, 중·고등부에서는 작정 40일을 계획했는데 어떤 아이들은 고기를 안 먹겠다, 게임을 안 하겠다, 친구들과 카톡을 안 하고 참아보겠다고 한다. 그들에게는 정말 어려운 결단들이다.

이후 잘 지킨 아이들도 있겠지만 작심삼일로 중간에 포기하는 아이들도 있다. 하지만, 중요한 것은 그 아이들 마음속에 예수님에 대한 마음이 있다는 것 그리고 주일 예배 참석이 헛되지 않았다는 사실만으로도 나는 그들에게 높은 점수를 주고 싶다.
　어른인 나는 어떤가?
　언젠가는 40일 동안 쇼핑을 하지 않겠다고 결단하여 지킨 적도 있었지만, 이런 기간에만 거룩한 척하는 것 같아 또 몇 년은 그냥 지나가곤 했다. 하지만, 이번 사순절 40일은 정말 기도로 매달려 보고 싶은 간절한 마음이 생긴다.
　하루 '한 시간 성경 읽기'와 '한 시간 기도하기'를 정하고 싶다. 더군다나 손녀와 함께 한 달을 지내야 하는 이 시간에, 어찌 생각하면 좋은 기회일 수도 있다는 마음으로 작정한다. 십자가의 사건을 나에게 적용하며 이 시간을 이겨 내기를 기도한다.

월 2023-02-27

베이비시터

사랑하는 세희가 집에 온 지 어느새 5일째이다. 한시도 마음이 편안하지는 않지만, 너무 행복한 할머니로 시간을 보내고 있다. 문득 큰아들이 고등학교 10학년(우리나라 고등학교 1학년)쯤에 한 말이 생각나 혼자 웃으며 "그래 그때 동성이가 한 말이 맞네" 하고 중얼거린다.

"어머니 저는 결혼하면 아내가 너무 좋아할 거예요!
전 빨래도 잘하고 밥도 잘하고 아기도 잘 보죠."

그 이유는 동생들과 나이 차이가 크게 났기 때문이었다. 둘째와는 여덟 살, 막냇동생과는 열두 살 차이가 났으니 말이다. 솔직히 말하면 내가 큰아들에게 도움을 정말 많이 받은 것이다.

아기랑 외출 한 번 하려면 짐이 한가득이다. 그 짐 담당이 큰아들이었다. 고등학교 다니는 내내 통학 버스에서 내리는 동생 둘을 내가 집에 올 때까지 돌보고, 어떨 때는 밥도 챙겨야 했다. 큰아들, 장남이라서 많이 힘들었을 그 아들이 딸을 얼마나 잘 키워 놓았는지, 요즘 들어 감탄이 절로 나온다.

잠자는 습관을 잘 들여서 저녁 7시쯤 공갈 젖꼭지를 물려 아기 침대에 눕히면 알아서 다음날 아침 6시까지 자고, 먹는 것은 또 주는 대로 잘 먹는다. 낯도 가리지 않아 가게에 오는 손님들에게 웃어 주고(요즘 가게에서 베이비시터를 하고 있다), 응가도 하루에 몇 번씩 잘하고, 울음 끝도 짧아 정말 사랑받기 위해 태어난 아기라는 생각이 든다.

처음에 아들이 이사 계획을 이야기하며 한 달가량 세희를 봐줄 수 있냐는 질문에 나는 아무 생각 없이 대답했다.

"언제 또 나에게 이런 기회가 있을까?"
"그럼 당연하지, 나에게 맡겨 주어 정말 고맙다."
그렇게 대답한 것이 지금 나에게 얼마나 큰 기쁨이 되었는지 모른다.
교회에 예배를 드리러 갔다. 한동안 1부 성가대를 쉬게 되었는데, 세희 덕분에 2부 성도들과 함께할 수 있어 너무 좋았다. 만나는 교인마다 방긋방긋 웃으며 "오라" 하고 부르면 기꺼이 달려간다. 인기가 최고다. 남편은 손녀 보는 기쁨에 더 젊어지는 것 같다고 한다. 물론, 힘들다. 아침부터 저녁까지 기쁨도 있지만, 몸은 녹초가 되고 만다. 하지만, 그래도 그 아이가 주는 기쁨으로 오늘 하루도 행복하다.

월 2023-03-06

감사할 것을 찾아

또 봄 없이 여름이 오려는지 아침은 괜찮지만, 햇살이 드는 시간이 되면 더워져 70도를 웃돌아 덥게 느껴진다. 활짝 열어 놓은 문, 가끔 들어오는 바람과 창문으로 들어오는 햇살 덕분에 가게 안에 화초들은 생명력으로 반짝이고 있다.

감사하다. 이런 상황 속에서도 감사할 수 있는 마음에 감사하고, 지나온 세월에 감사하다. 이곳으로 이사 온 지 16년, 나름 자리를 잡았다고 생각한다. 다른 사람들보다 더 열심히 살았고, 나에게 주어진 모든 환경에서 하나님만을 의지하며 살았다고 말할 수 있다. 그렇지만 이곳에서 16년 전에 만난 모든 사람이 다 자리를 잡은 것은 아닐 것이다. 어떤 이는 더 나은 삶을 살겠지만, 우리는 정말 하나님의 도우심으로 살았다고 고백할 수 있다.

가진 것 없는 우리에게 장사하며 갚으라고 기회를 주신 것도, 공장이 있으니 드랍스토아(세탁소)를 한번 운영해 보라는 어떤 집사님의 권유로 거저 하게 된 가게도 그렇다. 새벽 제단을 쌓았던 나로서는 그것을 빼놓고 가게를 시간에 맞추어 가는 게 부담스러울 수밖에 없었는데, 어떤 집사님께서 아침부터 10시까지 일을 해 주겠다고 나섰을 때 정말 감사했다. 몇 년이 흐른 후에 지금의 박 집사님을 만난 것은 하나님이 나를 얼마나 사랑하시는지 보여 주는 가장 귀한 만남이었다.

박 집사님은 나보다 네 살이 많고 다른 교회를 섬기고 나와 8년째 함께 일하시는 분이시다. 근면과 성실, 늘 말씀 없이 시어머니 봉양을 26년째 하고 계신다. 두 딸과 남편 모두의 구원을 위해 늘 기도하시는, 인생의 선배로 본이 되는 분을 만나게 하신 것도 하나님이시기에 감사, 또 감사하다. 세희를 보는 한 달 동안 나와 함께 일해 주실 집사님을 보내 주신 것 또한 감사하다.

드디어, 26년 만에 한국 방문을 허락하심도 감사하다. 수년 전부터 학수고대하며 가게를 봐줄 분을 찾았는데, 절묘하게 구해진 것도 감사하다. 남편과 함께 가면 더할 나위 없이 좋겠지만, 공장을 한 달이나 누군가에게 맡기는 것은 쉬운 일은 아니니까. 혼자 간다는 두려움, 남편을 혼자 두고 간다는 부담감도 있지만, 두 언니가 막냇동생과 함께할 시간을 기다리는 설렘으로 감사하다.

큰언니는 큰아들 결혼식을 위해 다녀가셨으니 뵌 지 4년이 지났고, 작은언니는 이곳으로 이사했을 때 방문하셨으니 16년 만에 만나는 것이다. 두 분 다 브라질에 사시다가 코로나 때 한국으로 역이민을 가셨다. 한국이 너무 좋다며 한 번 뭉치자고 한 지가 언제인데 이제야 그 약속을 지키게 되었다. 시댁에는 죄송해서 신나 하는 내색도 제대로 못 했다. 두 형님은 막내 동서라도 본다고 좋아하지만, 아주버님들과 큰형님들은, 너무 섭섭해 하신다.

아직, 가려면 20일이나 남았는데, 생각하면 너무 좋아서 구름 위를 걷는 듯한 기분이다. 사실 남편 앞에서는 이런 표현을 잘 못 한다. 얼마나 같이 가고 싶겠는가. 26년을 못 갔었는데. 그 20일 사이에 공장을 맡아서 봐줄 분을 하나님이 보내 주신다면 너무 좋겠지만, 그리 안 하실지라도 지금까지 지켜 주신 주님께 감사드린다.

화 2023-03-14

26일 날, 26년만에 …

햇살을 즐기며, 손녀를 유모차에 태우고 산책을 나선다. 손녀 덕분에 때아닌 호강을 누린다. 잡아 놓은 날짜는 빨리 지나간다더니 이런 기쁨도 한 주밖에는 남지 않았다. 딸을 키워 보지 못한 나는 화장실을 갈 때마다 손녀를 비누로 다 씻기고 새 옷을 입힌다. 그렇다 보니 매일 아기 빨래를 따로 하게 되고, 나도 모르게 할 일을 만들어 하는 것 같다. 방긋방긋 웃으며 할머니 껌딱지를 자처하니 보람도 있다.

26년 만에, 26일에 떠나는 나의 한국행!

준비할 것이 없는 듯하면서도 마음은 바쁘다. 한 달이나 집을 비우는 것이 처음인지라 반찬도 해 놓아야 할 것 같은데, 남편은 물론 아들들까지 자기들이 해 먹을 테니 걱정하지 말라고 한다. 그래도 김치냉장고가 비어 있으니, 김치는 담아야 할 것 같다. 큰아들네도 보내야 하니 배추와 무를 사 들여왔다. 손녀랑 함께할 수 있을지 걱정은 조금 되지만 일에 겁을 내지 않는 편이라 일단 일을 저지른다. 그날 저녁을 먹고 막내는 배추를 네 등분하는 일을 맡았고 둘째는 무를 채 써는 일을 했다.

배추를 만지던 막내가 말했다.

"어머니 김치가 맛있을 것 같아요. 배추가 맛있어 보여요."

오랫동안 배추를 잘라 주는 일을 해서 그런지 이제 보면 안다고 한다. 배추를 절이고, 다음날 씻어서 물이 빠지기를 기다리며, 둘째가 채 썰어 놓은 무에 양념을 한다. 손녀가 낮잠을 자는 동안 속을 넣기 시작해서 손녀가 깨기까지 두 시간을 바쁘게 움직였다. 그렇게 시간에 쫓기듯 배추 두 박스를 해치웠다. 김치를 담아 통에 담아 놓은 것을 사진 찍어 가족 단톡방에 보내며, 두 아들에게 고맙다는 말을 전했다. 이렇게 한 가지를 해결해 놓으니 조금은 마음이 한결 가벼워졌다.

 너무나 오랜만에 만나는 사람들을 위해 무엇을 준비해야 할까?

 시댁 형님들에게는 어떤 선물을 하는 게 좋을지, 언니들에게는 뭘 사 가면 좋을지 고민이 많았다. 얼마 전에 한국을 방문하셨던 집사님께서는 "사 갈 거 하나도 없다"라고 하셨다. 한국 물건이 훨씬 좋고, 살 것도 더 많으니 그저 가서 사드릴 돈만 있으면 된다고 하셨다. 또 어느 분은 그래도 어떻게 빈손으로 가냐며, 필요한 것을 물어보고 사는 게 제일이라고 하셨다.

 그 말이 맞는 것 같다. 물어보고 그게 안 되면 보편적인 것을 사가면 될 것 같다. 계획을 잘 세워서 가야 한다는데, 아직은 잘 모르겠다. 다만 꼭 가 보고 싶고 만나고 싶은 목사님은 있다. 4주의 주일 예배를 드릴 테니 그것만은 꼭 하고 싶다. 언니들은 여행 계획을 세워 놓았다고 하시고, 형님들은 오랜만에 만나 회포를 풀어야 한다고 하신다.

 하지만, 나에게는 이번 한국행에 대한 중요한 기도 제목이 있다. 이번 방문을 허락하신 이유는 믿지 않는 시댁 식구들에게 복음을 전하라는 하나님의 뜻이라는 것을 알기에 그분들이 복음을 잘 받아들여 하나님의 자녀가 되시기를 기도한다.

화 2023-03-21

시간 보내기

빠르게 지나가는 시간으로 인해 마음을 써야 하는 것이 참으로 많다. 어느새 손녀와 함께한 시간이 한 달을 채워 가고 있다. 손녀를 한 달 동안 돌봐 주겠다고 대답하고 가장 신경이 쓰였던 것은 '잘 돌봐서 다치지 말아야 하고, 아프지 말아야 하는데 …' 하는 마음이었다.

다행히도 크게 다치지 않았고, 감기도 안 걸렸으니, 얼마나 감사한 일인지 모른다. 놀이터를 찾아 그네도 태워 주고, 미끄럼틀도 타고, 모래 위에서 노는 것을 어찌나 좋아하던지. 한 시간 한 시간 손녀와 소중한 추억을 쌓고 있다.

가장 힘들었던 시간은 이동하는 차 안에서 울 때였다. 그러다가 아가 찬양을 찾아 틀어주기 시작했는데, 신기하게도 잘 듣고 가만히 있었다. 손녀에게 들려주기 위해 틀어 놓은 아가 찬양을 들으며 문득 내 신앙의 깊이를 생각하게 되었다. 아가 찬양은 너무 순수한 단어들이라 귀에 쏙쏙 들어온다. 그중 나에게 특히 감동을 준 찬양이 있어 소개한다.

〈난 깜짝 놀랐지〉

난 깜짝 놀랐지 예수님이 날 사랑하신대
난 깜짝 놀랐지 예수님이 날 구원하셨대
난 깜짝 놀랐지 날 위해 십자가 죽으셨대
난 깜짝 놀랐지 우리를 주의 자녀 삼으셨대
예전엔 몰라 몰라 그 사실 몰라 몰라
예수님이 이 땅에 오신 그 이유를

알아 알아 이제는 알아 알아
예수님이 날 구원하셨대 어머 어머 어머 어머

율동과 함께 이 찬양을 부르는 어린 아가들이 너무 예쁘고 앙증스럽다. 벌써 손녀를 보내야 할 시간이 다가온다. 손녀를 돌보며 지치고 힘든 부분도 있었지만, 이 소중한 시간을 보내게 해 준 아들 내외에게 진심으로 고마운 마음이다. 아들도 자주 감사하다고 인사해 준다.

손녀가 떠난 후 찾아올 허전한 마음을 가질 새도 없이 한국 방문 일정이 기다리고 있어서 다행이다. 언니들에게 선물할 것들과 시댁 식구들 것까지 나름 잘 준비했지만, 혹시라도 서운한 마음들이 생기지 않기를 바라본다. 긴 시간 집을 비운다는 생각을 하면 제일 큰 문제가 화초들이다.

남자들만 있는 집인데 부탁한다고 해서 물을 잘 줄까 싶어 가게로 모두 옮겼다. 그래도 가게에는 일하시는 분이 계시니 부탁드릴 수 있으니까. 많던 화분이 더 많아져 화원이 되었다. 마음은 많이 들떠 있지만, 차분한 마음으로 시간을 보내고 있다.

토 2023-03-25

후회

꽃샘추위가 끝이 났는지 더운 날씨가 계속되고 있다. 지인에게 손녀 자랑을 갔다가 정말 가벼운 접촉사고가 발생했다. 내 차는 아주 조금 표시가 날 정도였는데, 상대방 차는 빨간색이라 더 크게 보이는지 내 눈에는 아무렇지 않은 것 같아도 할아버지 운전자는 그렇게 생각하지 않으셨다. 항상 조심한다고 하는데, 후진할 때 이런 일이 발생한다. 경찰은 부르지 말자고 해서 보험 회사끼리 정리하기로 했다.

하지만, 마음이 영 언짢다. 조금 더 조심했으면 하는 후회가 밀려온다. 특히, 손녀를 태우고 이런 일이 생겨서 더 속상한지도 모르겠다. "안 다쳐서 얼마나 다행이고 감사할 일이 아니냐"라고 한다면 그것도 그렇다. 그날은 이런 일이 지난 금요일이었다.

금요일에는 작은아들에게 전화가 왔다.

"엄마, 동민이한테 큰 원망을 듣게 되었어요. 차 사고 났어요."

"고속도로를 진입하다가 … 차가 많이 망가졌어요."

작은아들의 말에 걱정이 앞섰다.

"넌 다치진 않았어?"

"하는 수 없지, 잘 수습해야지."

그렇게 말한 후 전화를 끊었는데, 마음은 한없이 답답하다.

며칠 전에는 다운타운에서 일하는 막내 차 유리창을 깨고 학교 가방을 훔쳐 가는 일이 있었다. 그 일로 막내는 많이 힘들어했다. 보험 처리를 한다지만 부품이 없어 열흘이나 걸린다고 한다. 그때는 꽃샘추위라 춥고, 며칠 동안 비까지 왔었다.

남편이 비닐로 창을 가렸지만, 그것이 싫었는지 아니면 또 다른 일이 생길까 염려해서인지 형하고 차를 바꿔 타겠다며 먼저 나간 막내는 이 소식을 듣고 남편에게 전화해서 울먹이며 이렇게 말했다.
　"내가 얼마나 아끼는 차인데 … 어떻게 해요, 아버지."
　사고를 낸 둘째는 죄인이 되어 내가 싸준 도시락도 밥맛이 없어 못 먹겠다고 전화를 걸어왔다. 둘째는 또 얼마나 후회하며 자책하고 있을까. 사고는 정말 한순간인데 말이다. 스포츠카이니 속도를 내진 않았겠지만, 억지로 진입하다 사고가 난 것 같다. 후회는 우리에게 교훈도 주겠지만, 때로는 자책으로 인해 마음의 평정을 잃게 하는 것을 본다.
　막내가 집에 와서 한 말이 나를 더 아프게 한다.
　"어머니, 하나님이 저를 미워하시나 봐요.
　3월에만 두 번이나 이런 일이 생기고, 믿지 않는 친구들한테는 이런 일이 생기지 않던데요."
　"그렇지 않아, 다치지 않고 더 큰 일이 없음을 감사해야지."
　이렇게 대답은 했지만, 아들을 위로하기에는 내 목소리에 힘이 없었다. 일단, 스포츠카를 산 것이 잘못인 것 같은데, 아직 아들은 인정하지 못하고 있다. 돈이 많아서 내가 사준 거라면 이런 생각을 안 하겠지만, 학교 다니며 힘들게 번 돈을 비싼 차 값에 쓴다는 것이 늘 마음에 걸렸다. 이번 사고로 차를 바꾸진 못하겠지만, 다 고치고 시간이 흐른 뒤 막내가 자기 나이에 맞는 차로 바꾸기를 바라본다.

월 2023-04-03

새로운 경험을 향하여

　어젯밤 아이들과 식사하며 처음으로 한 달이라는 시간 동안 못 보게 될 아이들을 위해 부탁의 말을 남겼다. 늦은 시간이지만, 잠이 오지 않았다. 긴 세월을 떠나 있던 고국에 간다는 생각으로 마음이 복잡했다. 내가 떠나고 시간이 많이 흘러 그동안 한국이 너무 많이 변했다는 이야기를 들은 터라 사실은 두렵기도 했다. 어디를 가나 남편이 늘 동행했지만, 이번에는 내가 먼저 가 있고 남편이 두 주 후에 합류하기로 했다.
　샬롯 공항에 도착하여 짐을 부치고 들어가는 줄에 혼자 서 있는 모습을 남편이 걱정스러운 표정으로 바라봤다. '괜찮다'라는 표정을 지으며 이제 가라고 손짓했지만, 남편은 여전히 나를 지켜보며 '화이팅'이라 입 모양을 만들었다. 이제 남편의 모습이 보이지 않았다. 아틀란타로 향하는 비행기를 타기 위해 게이트로 향했다. 시간보다 조금 일찍 도착하였기에 마음이 여유로웠다. 새로 경험할 이 모든 상황을 걱정이 아닌 즐기는 것으로 전환하고 싶다는 마음을 가졌다.
　비행기를 다지미지 잠이 들었나 보다. 눈을 떠 시간을 보니, 갈아탈 비행기 시간이 얼마 남지 않았다. 옆에 앉은 남자에게 비행기가 늦게 출발했냐고 물으니 그렇다고 했다. 이를 어째 아직 도착도 하지 않았는데, 남편에게 메시지를 했더니 연계되는 노선이니 걱정하지 말라고 했다. 갈아타야 할 곳은 또 왜 이리 멀리 있는지. 헐레벌떡 숨이 턱에 차도록 뛰며 평소에 운동하지 않은 것을 후회했다. 그리고 드디어 서울행에 몸을 실었다. 한국말로 서비스하는 승무원을 보니 너무 반갑다.

앞으로 14시간 45분, 긴 여정이다. 옆자리에는 미국인 할머니와 할아버지가 있고 젊은 아기 엄마도 앉아 있었다. 화장실이라도 가려면 양쪽 누군가에게는 말을 걸어야 하니, 먼저 미국 할머니에게 어디를 가시느냐고 물었다. 베트남에 계신 남편이 선교사님이라 모임과 회의가 있어서 가신다고 했다. 크리스천이 함께해서 너무 좋다고 말씀하셔서 나도 감사했다.

여행의 매력은 새로운 사람과의 만남일 것이다. 옆에 아기 엄마는 3년 계획으로 쌍둥이 딸들을 데리고 한국에서 살아 보러 간다고 했다. 미국에서 태어난 두 딸을 위해 한국행을 결심한 그녀가 대단하다고 생각했다. 하나님이 길을 열어 주셨다고 말하는데, 할렐루야!

역시 한국말로 대화하니 긴 이야기가 펼쳐졌다. 능력도 있고 예쁘기도 한 그녀가 힘들었던 미국생활을 잊고 친정 엄마와 즐거운 시간을 보내기를 기도한다. 식사 시간, 말로만 듣던 비빔밥을 먹었다. 조금 더 있다가는 컵라면을 먹었고, 더 시간이 지나서는 스파게티를 주었지만 다 먹지는 못했다. 자려고 노력해 보았지만, 좁은 공간에 몸이 불편하니 쉽게 잠이 오지 않았다. 스트레칭을 위해 두 번쯤 일어나 몸을 풀었더니 이내 도착했다는 안내 방송이 나왔다.

도착 시간보다 두 시간이나 늦어졌으니 동생을 기다리는 두 언니가 힘이 들었을 것이다. 어찌어찌 출국 심사를 마치고, 짐을 찾아 걸어 나오니 언니들이 이름을 부르며 꽃을 들고 서 있다. 큰언니와 작은언니를 번갈아 안아가며 인사를 나누었다.

"언니들 정말 오래간만이에요."

작은언니네 집을 가는 동안 두 언니는 내 손을 꼭 잡고 이야기를 나누었다. 내일 있을 건강 검진 때문에 저녁 식사를 거르는 막냇동생을 안타까운 눈으로 바라보는 언니들의 눈에 사랑이 가득했다. 3남 3녀인 우리 형제자매, 하지만 이제는 세 자매만 남았다.

세 오빠는 내가 미국에서 열심히 사는 동안 여러 종류의 병으로 한 분 한 분 돌아가셨다. 열세 살이 많은 큰언니, 세 살 많은 작은언니, 언니 둘은 브라질에서 나는 미국에서 이민자의 삶을 살아왔다. 이렇게 세 자매가 함께 만나 시간을 보낼 수 있는 날이 많지 않을 것 같아 이 한 달을 더 애틋한 마음으로 즐겁게 보내고 싶다.

일 2023-04-09

매일 새로운 날 1

무엇이든 기대하는 마음은 사람의 한결같은 본성일까?
 나는 오늘도 내가 만나는 모든 것에 기대하며 길을 나선다. 미국에 살면서 누구나 한 번쯤 생각하는 것 중 하나는 한국에서 건강 검진을 한번 받아보는 것이다. 그래서 나도 한국 방문을 생각하고 가장 먼저 한 것이 건강 검진 예약이었다. 도착하고 다음날 여의도에 있는 검진 센터를 가기 위해 언니들과 이른 아침 전철을 탔다. 병원은 아니고 검진만 전문으로 하는 곳이었다.
 아침 7시, 나는 깜짝 놀랐다. 순번을 기다리는 사람이 너무 많아서였다. 나이에 상관없이 이런 장면을 본 적이 없는 나는 오늘 또 새로운 것을 보았다. 정말, 말 그대로 머리부터 발끝까지 다 해 주는 것 같았다. 미국에서는 이런 호사를 누릴 수 없기에 감사했다. 네 시간가량의 모든 순서가 끝났다. 결과는 2주 후에 메일로 보내 준다는 이야기를 듣고 자매 셋은 거리로 나왔다.
 어제부터 못 먹었으니 뭘 먹으러 가야 하는데, 여의도 빌딩 숲 안에 거리 음식이 즐비하다. 언젠가는 먹어 봐야 한다고 했는데, 첫 집에 들어가 보았다. 예전에도 이런 풍경은 보았을 텐데, 오늘 이곳에서 보는 포장마차의 모습은 유독 새롭게 느껴졌다. 조금 이른 점심이라기보다 간식에 가까워서 순대와 어묵을 먹어 보았다.
 그런데, '내 입맛이 바뀌었나' 하는 생각이 들었다. 언니들이 맛있냐고 물어보길래 나는 그저 "그냥 그래"라고 대답했다. 시차 적응 없이도 잘 움직이는 나를 보며 언니들은 다행이라고들 하셨다.

이왕 나왔으니 남대문 시장이라도 가 보자는 작은언니 의견에 따라 전철을 타고 서울역에서 내려 거리를 둘러보니 내가 기억나는 곳은 대우빌딩뿐이었다. 다른 빌딩들도 다 있었을 텐데 말이다. 아무튼 사람이 많은 길을 따라 시장을 향해 걸어갔다.

"옷 가격이 싸니까 옷은 가져오지 말고 여기서 사!"

이렇게 말해 준 언니들 덕분에 옷을 골랐다. 교회 갈 때 입을 옷과 신발들이었다. 남대문 시장은 별로 바뀐 것 같지 않았다. 내가 살았던 그때보다 사람이 더 많다는 것만 느꼈다. 길거리에는 장사하는 물건들로 한 발 한 발 내딛기가 어렵다.

"언니 너무 복잡해 그만 가자!"

또 내가 사는 곳과는 다른 것을 느끼는 순간이었다. 조금 이른 저녁을 먹고 내일 여행을 위해 잠자리에 들었다. 내일은 언니들과 동해안 한 바퀴를 여행할 예정이었다.

운전하는 동생이 왔다고 계획한 여행이리고 했다. 운전하던 차가 아니니 시범 운전으로 동네 한 바퀴를 돌아보았다. 언니들은 아침 일찍부터 차 안에서 먹을 것이라며 간식을 준비했고, 우리는 길을 나섰다. 전화기에 목적지를 강릉 경포대로 입력하고, 설레는 마음으로 출발했다.

자매들의 첫 여행이 시작되었다. 내가 고등학교에 다닐 때 이미 언니들은 다 결혼했고, 큰언니는 브라질에 살고 있었다. 세월이 흘러 각자 먼 곳에서 살아왔다. 큰언니는 가끔 미국에 오셨지만 이렇게 셋이서 여행은 처음이었다. 운전에 신경 쓰는 나를 편하게 해 주려는 배려를 느꼈고, 휴게소에서 즐거움도 느끼며 강릉에 도착했다.

숙소를 정하고 바람 많이 부는 3월의 바닷가를 거닐고, 사진도 찍었다. 저녁으로는 해물탕을 먹었는데, 호텔비도, 음식비도 미국보다는 모든 것이 저렴했다. 언니들에게 많은 이야기를 했다. 내가 만난 하나님과 내가 살아온 시간들에 대해 말이다. 예전엔 전화로, 얼마 전부터는 카톡으로 소식을 전하고 살았지만, 이렇게 길게 이야기할 기회는 없었으니까 말이다.

　그리고 우리는 고스톱을 쳤다. 언니들은 가끔 형부들과 친선 게임을 했다고 하는데 나는 정말이지 26년 만에 해 보는 것이었다. 참, 사람의 몸이란 모든 것을 기억하고 있었다. 짝 맞추는 것도, 계산 방법까지. 하지만, 잘하지 못했던 예전처럼 역시 나는 잘 치지 못했다. 점 100원에 동전들과 지폐들이 큰언니한테 갔다가 작은언니한테 갔다가, 또 나에게 왔다 갔다 했다.

　한 시간가량이 지나고 시들해진 나는 언니들에게 "재미없어 잘래요"라고 말했다. 어느새 밤 11시, 창을 통해 보이는 바다는 잔잔했다. 새벽에 맞춰진 내 몸은 이곳에서도 똑같았다. 언니들과 아침 해가 뜨는 장면을 보았다. 아직은 추운 바닷가에서 덜덜 떨며 잠깐 바다를 보고, 다음 행선지 주문진을 향해 길을 나섰다.

월 2023-04-17

매일 새로운 날 2

얼굴은 한국 사람이지만, 외국인같이 보이는 나를 보게 된다. 언니들과 주문진과 정동진을 다녀오고 나서부터는 가져갈 물건들을 사기 위해 경동시장과 동대문, 남대문을 누비며 다녔다. 그리고 오늘 드디어 남편이 나와 함께하기 위해 미국에서 오는 날이었다.

20일 가량 떨어져 있다가 본다고 생각하니 그저 좋았다. 이런 나의 모습을 보던 큰언니가 "그렇게 좋으니" 하고 물었다. 작은아주버님이 공항으로 마중 나오셨다. 조금은 피곤해 보이는 남편이 걸어 나왔다. 남편에게는 형님 한 분과 누나 한 분이 계신다.

멀리서 동생이 오랜만에 왔으니 어찌 반갑지 않겠는가!

시누이댁에서 저녁을 준비하셨다, 남편이 좋아하는 김치만두, 갈비, 잡채. 우리를 위해 이렇게 준비해 주신 형님께 고마웠다. 소식을 듣고 사촌 동생과 고모님들이 오셨다 모두 돌아가고 나니 새벽이었다. 너무 짧은 일정이라 시간이 없었다. 아침 일찍이 고모부님의 차를 타고 시부모님 산소에 샀다 오고, 차를 렌트 했다.

"역시, 우리 남편 최고!"

전철로만 다녔던 나로서는 박수를 칠 수밖에 없었다. 강남 쪽으로는 올 수 없었는데 차로 움직이니 기동성이 좋았다. 26년 만에 서울을 방문하여 복잡하다는 서울 길을 아무 거리낌 없이 운전하는 남편이 대단해 보였다.

다음날엔 팔당댐 쪽으로 드라이브를 갔다. 비가 오는 강변도로, 안개가 깔리는 한강이 아름다웠다. 우리보다 먼저 이곳으로 여행 오신 장로님과 권사님, 집사님 부부와 함께 식사를 하고 자리를 옮겨 커피를 마시며 이야기를 나눴는데, 너무 편안함을 느꼈다. 지금 이웃으로 살고 있는 사람들에게서만 느낄 수 있는 편안함이었다. 서울은 너무 복잡하고 사람들은 무표정이었다. 커피숍에는 엄마들만 가득하고, 식당에도 엄마들만 가득가득했다. 쇼핑을 가도 모두 여자들뿐이었다.

미국에 사는 우리가 불쌍하다는 생각이 들었다. 우리는 고생만 한 것 같은데 이곳에서 보이는 수많은 사람은 가진 자의 풍족한 모습이었다. 미국에 사는 거지가 우리란다. 몇십 년 고생해서 찾아올 수 있었던 이곳 서울이 정말 낯설고 복잡했다. 처음이라서 그렇다고는 하지만 나는 이곳 한국에 또 오고 싶은 생각은 없다. 그래도 이미 왔으니 남편과 좀 더 좋은 시간을 보내려 계획을 세웠다.

다음날은 매주 설교를 듣던 목사님의 교회를 방문하고, 브라질에서 다시 역이민을 와서 적응 중인 조카 가족들을 만나러 평택에 갔다. 딸과 아들 셋, 아직은 브라질 말이 더 쉬운 이 아이들.

얼마나 어려움이 많을까?

우리가 할 수 있는 건 용돈을 두둑하게 주는 것뿐이었다. 하나님의 은혜라고, 감사하며 산다고 고백하는 이 가정을 하나님이 지켜 주실 것을 믿는다. 다음날부터는 정말 우리 부부만을 위한 여행 계획이었다. 부산 해운대에서 1박을 하고 여수로, 전주로, 태안으로 한 바퀴를 돌기로 했다. 우리 부부는 돌아오는 주일 아침 비행기로 우리 집으로 간다. 한 달이나 비워 둔 엄마의 자리를 찾아서 간다.

월 2023-04-24

돌아온 내집!

새벽녘에 잠이 깨어 사방을 둘러보니 내 집에 와 있는 것이 느껴졌다. 한 달이나 비워 놓았던 엄마의 자리에 돌아왔다. 다시 시작된 하루의 아침, 모든 것이 아직 제자리가 아닌 것처럼 어딘가 모르게 힘에 겹다. 월요일이라서 더 힘이 드는 건 아닐까 싶었다. 부엌에서 뭘 해야 할지 멍했다. 도시락 준비를 해야 하는데 말이다. 아직 시차 적응이 안 돼서 그렇겠지, 하면서도 힘이 드는 건 어쩔 수가 없다.

긴 비행시간, 어제 아침 한국에서 샬롯까지 15시간, 오후 3시경에 도착하여 비몽사몽이다. 내일부터 일을 해야 한다고 생각하니 걱정이 앞섰지만, 오랜만에 만난 아들들과 반가움으로 그동안 지냈던 이야기를 두서없이 들으며 남편이 끓여 주는 김치찌개로 저녁을 먹고, 변화무쌍한 서울 이야기를 아들들에게 하니 아직 한 번도 가 보지 않은 한국을 기대하며 가고 싶어 했다. 잠은 오지 않았지만, 잠들기를 청하며 집에 온 편안함을 느꼈다.

몸이 기억하는 대로 오랜만에 운전을 하고 가게에 들어서니 변함없는 일상이 시작 됨을 본다. 손님들을 대하며 내가 영어를 하고 능숙한 손놀림으로 일을 하고 있으려니 내가 한 달 동안 한국을 다녀오긴 한 건가 하는 생각이 들었다. 많은 사람이 나의 한국행을 위해 수고하고 애를 썼지만, 집에 있는 화초나, 가게에 있는 화초나, 다 빛을 잃고 더러는 죽은 것도 있었다. 그럴 것으로 생각은 했지만, 비웠던 시간이 길었구나 싶었다.

그 긴 시간, 나는 무엇을 보고 무엇을 느꼈는지 생각이 정리되지 않았다. 너무나 변한 모습에 할 말을 잊었지만, 잘살게 된 그 모습에 박수를 보냈다. 뛸 수밖에 없는 청년들, 바빠 보이는 사람들, 여유로워 보이는 여성들, 다채로운 모습으로 기억되는 사람들 때문에 자랑스러워할 수는 있겠으나 그곳에서 살고 싶지는 않았다.

  가진 것 없이 시작한 이민생활, 지금까지 부지런히, 열심히 살아서 이루어 낸 것들이 크게만 느껴졌다. 화려해진 서울의 모습이 지금의 내 모습과 비교돼서인지는 모르겠지만, 어찌 되었든 나는 미국이 좋다고 이야기하게 되었다. 조용하고, 잔잔한 이곳의 풍경이, 복잡한 그곳과 너무 비교되었다. 좋은 장점만 이야기하며 한국으로 역이민을 가신 장로님 가정들은 몇몇 있지만, 좋지 않은 단점이 더 부각되는 내 생각들이 이곳에 대한 애착으로 바뀌는 것을 느꼈다. 그리고 중요한 한 가지.

  어떤 것에 마음을 쓰며 살아야 할 것인가가 더 확실해졌다!

  눈에 보이는 것에 마음을 쓰며 살기보다는 보이지 않는 풍요로움이 무엇인가를 더 생각하게 되었다. 아파트의 나라, 간판의 나라, 복잡한 나라로 각인된 내 나라를 위해 지금까지 기도했던 것보다 더 기도해야 함을 기억해야겠다.

화 2023-05-02

햇빛 좋은 날!

어제까지도 날은 흐리고 비가 오락가락 했는데, 오늘은 햇빛과 바람이 더없이 좋은 날이다. 목사님들보다 더 자주 교회에 갔던 내가 한 달여 만에 교회에 갔다. 조금은 떨리고, 성가대 대원들의 반응이 내심 기대됐다. 그 이유는 교회를 못 갔던 시간 동안 살이 많이 빠지기도 했고 머리 모양도 바꾸고 살이 빠진 김에 스타일도 바꿨기 때문이다.

살은 못 먹어서 빠진 것이었다. 한국을 다녀온 후 일주일 동안 거의 잠만 잤다. 식구들 밥도 못 챙겨 줄 만큼 어지럽고, 무기력했다. 시차도 시차지만, 그동안에 피로가 몰려와서인지 서 있을 수도 없고 도통 무슨 맛인지도 모르겠고, 그저 누워만 있었다. 참 힘든 시간들이었다. 머리는 "한국까지 갔는데 물 만난 물고기가 되어 봐야지" 하는 생각 때문이기도 했다.

암튼, 연습실에 들어서기가 무섭게 저마다 한마디씩 쏟아 냈다.

"에고, 서울물이 무섭네. 너무 예뻐져서 집사님 동생이 있으면 동생이 왔나 하겠어요."

"한국 자주 다녀오셔야겠어요."

"너무 날씬해지셨어요."

오랜 공백이 오히려 신선함으로 느껴지는 순간이었다. 오랜만에 선 성가대도 긴장돼서 좋았고 목사님 말씀도 더 은혜롭게 다가왔다. 무엇보다 "예뻐졌다"라는 말이 듣기 좋았다. 하여간 여자들은 예뻐졌다고 하면 너무 좋아하는 것 같다. 만나는 모든 사람이 똑같이 놀라는 얼굴로 같은 말을 하니 안 믿을 수도 없고.

목사님들과 성가대원들, 그리고 함께하는 기도 동역자들에게 한국에서 준비한 선물을 드렸다. 가격도 가격이지만, 무게 때문에 추가요금까지 내며 사 온 명란이었다. 통 크게 사 온 만큼, 너무들 좋아했다. 이곳은 명란이 너무 비싸니까. 이민 가방 네 개를 가득 채워 왔다. 별로 산 것도 없다고 생각했는데, 막상 가방에 넣기 시작하니 이런저런 것들이 가방에 들어가길 기다리고 있었다.

　오랫동안 못 만났던 언니들과 여러 날 동안 많이 사서 쟁여 놓았던 것들이었다. 여기서 빼고, 저기서 빼고 넣고를 반복해 봐도 소용이 없었다. 이미 다 가져가겠다고 생각했으니, 돈으로 해결하는 수밖에. 그렇게 무리해서 가져온 가방 네 개 속 물건들을 펼쳐보니 정말 별거 없다는 생각이 들었다. 언니 시댁에서 준 고춧가루, 명란, 멸치, 김, 미역, 남편을 위한 한약재와 쥐포, 그리고 이불 네 채, 얼굴 팩 많이, 내 신발과 옷들, 예쁜 방석까지. 그래도 언니들이 정성껏 준비해 준 것이니 감사했다.

　가져온 것들을 먹을 때마다, 쓸 때마다 한국 다녀온 추억을 생각하게 되겠지. 좋은 것만 기억하고 만난 많은 사람이 하나님의 자녀가 되는 그 순간까지 기도하며, 나를 택하여 하나님의 자녀로 삼아 주심을 날마다 감사하며 살아가겠다고 다짐한다.

월 2023-05-08

갑작스러운 방문!

사람의 마음이라는 것이 변하지 않는다면 얼마나 좋을까를 생각해 본다. 변하기보다는 시간의 흐름에 따라 퇴색해져 가는 것조차 마음이 쓰인다. 시기적으로 새로운 사업을 시작하기에는 좋지 않다는 말은 자주 듣지만, 아무리 그렇다고 해도 가게를 부동산에 내놓은 지 2년이 되었는데 보러 오는 사람이 전혀 없다는 게 참 기운 빠지게 했다.

그러니 사업이 정리되면 선교하러 가겠다고 선포한 것이 자연적으로 느슨해지는 것은 아닐까 하는 마음이 쓰이는 것은 어쩔 수 없었다. 그런 마음을 하나님께서 아셨는지, 뜻하지 않은 손님이 이틀 뒤 방문하겠다며 하룻밤 재워 달라고 부탁하셨다.

갑자기 무슨 일인지. 볼리비아에 계셔야 할 분들이 언제 미국에는 오신 건가 싶었다. 두 분 다 건강이 안 좋으셨는데, 병원이라도 오신 건가 하고 염려가 앞섰다. 다음날 가게를 가기 전에 주무실 방을 청소하고, 침대 시트도 바꾸고, 세면도구를 챙겨 놓았다. 가게를 마치고 저녁 준비를 위해 장을 보고 시간을 보니 오후 5시였다.

언제쯤 도착하실까?

홈타운인 버지니아에서 출발하시니까 적어도 7시쯤에는 도착하실 것을 예상하여 쌀을 안치고, 아귀찜을 하기 위해 준비를 했다. 두 분 다 워낙 내가 한 음식을 좋아하시니, 메뉴를 정하면서도 즐겁고, 신이 났다. LA 갈비, 명란, 아귀찜, 부추·미나리전이 오늘 메뉴였다. 얼어 있었던 갈비를 내려 해동시키고, 전을 만들기 위해 준비했다. 오시는 도중 전화가 볼리비아 것이라 그런지 전혀 연락이 되지도 않고 연락도 없으셨다.

음식은 다 되었고 상만 차리면 되는데, 시간은 밥 먹을 시간이 훌쩍 넘어 있었다. 아들들은 배고프다고 했고 하는 수 없이 오시면 다시 차려 줄 요량으로 식구들 밥을 차리고 있는데, 낯선 차가 집에 서는 것을 보고 나가니 선교사님이었다. 반가운 재회를 하고 식사를 하시는 내내 음식이 입에 너무 잘 맞는다며 접시를 싹싹 비우셨다. 얼마나 감사한지, 차를 마시기 시작하는데 선교 담당 집사님이 인사를 하시겠다며 집에 오셨다.
　그간의 이야기를 들으며 나는 할렐루야를, 아멘을 외쳤다. 죽음까지 경험하셨다는 이야기와 그 일을 통해 하나님이 하신 일들을 들었다.
　'내 시간에 너의 헌신을 받겠다.'
　나와 남편을 위해 두 분을 보내셨다는 생각이 들었다.
　밤늦은 시간까지 이야기는 계속되었지만, 내일을 위해 잠자리에 들었다. 다음날, 주일 예배를 함께 드렸고, 볼리비아를 위해 기도하던 교인들과의 만남을 주선하여 함께 점심 친교를 나누었다. 그리고 그동안 두 분께 행하신 하나님의 은혜를 나누는 시간을 가졌다. 다음 일정을 위해 길을 떠나시는 두 분을 위해 많은 사람이 배웅했다. 몸은 지쳐 있었지만, 휴식을 허락하신 하나님께 감사하다. 그리고 두 분이 많은 사랑을 느끼고 돌아가시기를 기도한다.

📅 2023-05-15

가장 귀한 선물

    5월 가정의 달을 맞이하여 기대되는 것들이 몇 가지가 있었다. 막내가 어느새 22살이 되는 생일이 5월에 있으니 그날을 위해 준비를 해야 했다. 그리고 어머니날이라고 조금 가까이 이사 온 큰아들이 손녀와 방문한다고 하니 그 또한 준비해야 했다. 우리에게는 연휴를 즐길 수 있는 메모리얼 데이가 있어 무엇을 할까 기대했다.

    금요일 저녁, 손녀를 안고 아들이 들어섰다. 반가운 마음에 달려 나가 손녀를 안으려 하니 고개를 돌린다. 어느새 또 나를 잊은 것이었다. 한 달 반만에 만나는 할머니가 18개월 된 손녀에게는 낯선 사람이 된 것이다.

    "세희, 할머니 잊은 거야?

    이리 와 봐, 세희야!"

    그제야 아이는 나에게 안겼다. 아이를 품에 안으니 너무 좋았다. 어머니날이라고 작은아들에게 귀금속을, 막내아들에게는 멋진 시계를 선물받았지만, 손녀를 안거주는 게 가장 귀한 선물이지 싶었다.

    아이도 한 달이나 기거했던 곳을 기억이라도 하는 것인지, 부엌이며 거실을 다녔다. 아이는 못 본 사이에 많이 컸다. 말은 다 알아듣고 시키는 것을 척척 해냈다. 세 개의 언어를 구사해야 하니 아직 말은 못 하지만, 알아듣지 못하는 말을 연신 하는 것을 보면 곧 말문을 열 것 같기도 했다. 하지만, 아직은 알 수 없었다.

    잘 시간이 되었다며 재우려는 아들과, 안 자려는 손녀 사이에서 나는 아이와 더 눈을 맞추며 있고 싶어 이렇게 말했다.

    "아들, 하루쯤 자는 시간을 늦추면 안 돼?"

그리고 나는 침대에서 아이를 안고 나왔다. 아들은 이층으로 올라가고 남편과 나는 아이를 만지며 놀이를 즐겼다.
    "쎄쎄쎄, 아침 바람 찬 바람에 울고 가는 저 기러기 … ."
    언제 알게 되었는지도 모르는, 손으로 입으로 부르는 노래를 가르친다. 좋아하며 손놀림하는 아이는 너무 사랑스러웠다. 아침이 되어 내 침대 옆에서 자는 아이를 내려다보니 얼굴에 미소가 저절로 그려졌다.
    아침 식사로 식구가 모두 좋아하는 김밥 재료 준비를 하는 동안 아이는 일어났다. 잠자리가 바뀐 것에 아랑곳하지 않고 부엌으로 와 관심 가는 것에 몰두했다. 씻어 주고, 밥 먹이고, 놀아 주고, 잠재워 주고. 할머니 뒤 꽁무니만 쫓아다니던 아이가 오늘 집으로 간다. 어젯밤에는 장난감에서 흘러나오는 노래에 맞추어 엉덩이를 씰룩씰룩거렸다. 남편과 나는 너무 예뻐서, 좋아서 기절할 지경이었다.
    그 아이가 이틀 동안 우리에게 주고 간 것은 너무 많았다. 기대했던 것보다 더 많이 받아서 아이가 더 그리울 것이다. 몇 주 후에 아들 이사한 집에 방문하러 가면 지금보다 조금 더 큰 손녀가 우리를 반겨 줄 그날을 기대하며 그리움을 달래 본다.

월 2023-05-22

만족하며 사는 삶

여름의 시작처럼 후덥지근한 날씨와 따가운 햇볕이 강렬한 요즘이다. 날씨가 온몸으로 느껴지는 계절이다. 크게 동요되는 일도 없고, 감동하는 마음의 동요도 없는 나날이다. 그저 평범하고 무던한 날들을 보내고 있다. 그 마음이 가장 편하다고 생각하면서 말이다. 그런 나의 모습을 다른 사람들도 느끼는지 편안해 보인다는 말을 듣는다. 사실, 조금은 회개하기도 한다. 눈물이 말라 가는 것이 내가 요즘 은혜를 받지 못하는 시간을 보내는 것은 아닌지, 간구의 기도조차 하지 않는 것은 아닌지.

비즈니스는 그럭저럭 잘 되어 가고 있다. 이유를 찾자면 가게 위치도 좋고 주변에 주택이 많이 지어져 이사 오시는 분들이 대거 늘어났다. 집들이 지어지는 만큼 상가가 늘어나지 않고 같은 업종이 주변에 없기도 하니 정말 감사한 일이다. 그렇다고 매상이 안 되면 감사하지 않는다는 이야기는 아니다. 이렇든 저렇든 내 삶에 불평하지 않고 감사하며 살고 있음에 늘 감사하다.

우리 집에서 가장 가까운 곳에 사시는 주변 교회 장로님과 권사님이 계신다. 그 댁 큰아들 결혼식에도 참석했고, 그분들도 우리 아들 잔치에 오시고 하는 사이다. 샬롯에 이사 와서 비즈니스 관계로 연을 맺어 지금까지도 함께하고 있다. 그분들은 아주 비싼 쇼핑몰 안에서 세탁소를 크게 하시며 옷 수선을 제일 잘하는 집이다.

이곳으로 이사 온 지 15년, 지금까지 지켜 본 장로님은 이른 새벽부터 저녁 늦게까지 일하시는 모습이다. 두 분 다 옷 수선이 너무 많아서 어쩔 수가 없다고 하시며 늘 피곤해 하시고 아파하신다. 적은 연세도 아니신데, 주말도 없이 주일에는 예배를 드리고 바로 가게에 가셔서 또 바느질하시고, 주변의 사람들이 일을 조금 줄이시고 쉬시면서 하셔야 한다고 이야기들 하시지만 그럴 때마다 이렇게 말씀하신다.

"그럼 어떻게 해, 손님들에게 날짜를 맞춰 주어야 하는데."

장로님께서 양복을 만드셨던 분이라 바느질 솜씨가 완벽하시고, 또 오랫동안 하셨으니 소문도 자자하다. 게다가 그곳이 쇼핑몰이다 보니 가게에서 맡기는 수선도 많고, 일이 끊이지 않는다. 그렇게 일을 하시니 얼마나 힘이 드실까 싶었다. 더군다나 얼마 전부터는 집에도 못 들어가시고 가게에서 쪽잠을 주무시며 일을 한다는 이야기를 들으니 안타까움보다는 그 두 분이 너무 불쌍하다는 생각까지 들었다.

왜 저러고 살아야 하지?

남들만큼 가진 게 많은 분인데, 무엇을 위해 저렇게까지 하실까?

무슨 사정이 있는 줄은 모르겠지만 평범하지 않은 건 분명하다. 일할 때 일하고 쉴 때 쉬어야 몸도 마음도 편안한 것일 텐데 말이다. 남의 말 하기 좋아하는 것이라, 이런 이야기를 하는 것이 아니다. 하나님을 믿는 우리들이기에 행복하고 즐거워하며 살아야 하는데, 저렇게 힘들게만 사는 모습을 본다면 믿지 않는 사람들이 이렇게 말하지 않을까 싶다.

"하나님을 믿는다며 우리랑 뭐가 달라?"

화 2023-05-30

나에게 주어진 하루

시간에 쫓기며 사는 것이 일상이 되어 버린 나의 하루하루. 오늘같이 다른 약속이라도 잡혀 있으면 그 분주함은 더해진다. 오십 중반에서야 치아의 소중함을 깨우친 게으른 나지만, 그래도 몇 년 동안 꾸준히 치료하고 크린을 해 온 것이 참 다행이다.

오늘은 9시에 치과 예약이 있어 얼마나 바빴는지 모른다. 오늘은 운동도 못하고 서둘렀는데도 10분이나 늦었다. 길이 어찌나 밀리던지, 남편은 도시락 싸지 말고, 편안히 다녀오라고 하지만 어디 그게 마음대로 되던가. 사 먹는 건 도저히 볼 수가 없다.

크린이 중심인 오늘인데, 곧 앞니 4개는 빠질 것 같다는 말을 들었다. 예상하던 일이었지만, 그게 곧이라니 조금은 심란하다. 임플란트를 네 개나 하려면, 시간도 돈도 많이 들 텐데. 그래도 언젠가는 해야 할 일인데 하며 마음을 편하게 가지려 한다. 이런 일들을 위해 일을 하고 돈을 버는 것이니까. 결국, 모든 건 마음먹기에 달렸음을 다시 한번 느낀다.

어제는 큰아들네를 다녀왔다. 조금 가까이 이사를 한 후 처음 방문이다. 그 사이 한국 방문이 있기도 했고 아들네 간다고 이것저것 짐을 챙기다 보니 먹을 것이 많아졌다. 국 끓일 때마다 얼려 놓은 것들과 밑반찬들, 아들 내외가 못 해 먹어서가 아니라, 내 맘 편하자고 하는 습관 같은 것이다.

한국에서 가져온 멸치, 대추 그리고 며칠 후 생일인 며느리를 위한 케이크, 이사한 집 첫 방문이니 페이퍼 타월이 기본이라 생각하며 함께 가져갔다. 두 아들을 데리고 간 것은 아주 잘한 것 같다. 이유만 있으면 가족은 자주 만나야 한다는 걸 새삼 느낀다. 몇 주 전에 보았던 손녀를 만날 생각에 기대가 컸다.

　아침 9시쯤 출발해서 12시 전에 도착하여 손녀를 안을 수 있었다. 이사한 집을 구경했는데, 크지는 않지만 방들의 배치가 잘 되어 있고 햇빛도 잘 들고, 창문들이 많아 답답하지 않았다. 동네도 조용했고, 아들과 며느리, 손녀가 살기에는 아주 적당한 집이었다.

　식사하기 위해 한국 식당을 찾아 예약했다. 남자 넷이 고기를 좋아해서 고기 뷔페로 향했다. 우리 동네가 아닌 다른 곳은 어떤가 하고 기대를 가지고 갔는데, 우리 동네보다 한 수 위였다. 로봇이 자리를 안내해 주는 모습에 놀라기도 했다.

　식당도 크고, 깨끗하고 공기도 좋고, 무엇보다 주인 아저씨의 친절함이 최고였다. 우리가 가져다 먹는 게 아니라 큐알 코드를 전화기에 찍고 주문하면 가져다주는 방식이었다.

　식구가 많다 보니 굽는 속도보다 먹는 게 더 빨랐다. 배고픈 아들들을 먼저 먹이고 나서야 맛을 볼 수 있었다. 고기가 다 거기서 거기라지만, 밑반찬도 괜찮고 좋은 기억을 가지게 되었다. 식당 앞에서 가족사진을 한 장 찍고, 서로 인사를 나누고 헤어져 집으로 돌아왔다.

화 2023-06-13

내 기도하는 그 시간

하늘이 참 맑고 높다. 65도 날씨에 바람도 잔잔히 불어주니 운동하기에 참 좋은 아침이다. 한국을 다녀와서 어쩌다가 몸무게에 변화가 생겼다. 늘 하는 다이어트, 더 하기로 하여 운동을 시작했다. 물론, 아침 시간이다. 남편에게 이야기하여 30분 정도 늦을 거라는 말을 귀띔해 두었다.

벌써 두 달째, 아침 예배 후 잘 정돈된 운동장을 여섯 바퀴 걷고 있다. 처음 며칠은 아무 생각 없이 힘주어 걷기만 하다가 기도를 해야겠다는 생각을 하게 되었고 온전히 가족만을 위한 시간을 만들기로 했다.

중보기도에 집중하다 보면 정작 나 자신이나 가족을 위한 기도는 잘 못 하게 된다. 바쁘다는 핑계로 미루게 되기도 한다. 그래서 첫 번째 바퀴는 남편만을 위해, 두 번째는 큰아들을 위해, 세 번째는 며느리와 손녀를 위해, 네 번째는 둘째 아들을 위해, 다섯 번째는 막내아들, 여섯 번째는 나를 위한 기도를 짧게 드리고, 간략하게 언니들과 조카들을 위해, 그리고 믿지 않는 시댁 식구들을 위해 기도한다.

〈내 기도하는 그 시간〉이란 찬송이 떠오른다.

〈내 기도하는 그 시간〉

내 기도하는 그 시간 그때가 가장 즐겁다.
이 세상 근심 걱정에 얽매인 나를 부르사
내 진정 소원 주 앞에 낱낱이 바로 아뢰어
큰 불행 당해 슬플 때 나 위로받게 하시네.

놀라운 사실 하나를 알게 되었다.

"아들, 널 위해 기도하는 거 알지?"

항상 아이들을 위해 기도한다고 말하면서도 어딘가 미안한 마음이 많았는데, 이제는 확신에 찬 목소리로 말할 수 있게 되었다는 사실이다. 더 정확히 말하자면 아이들 한 사람 한 사람 구체적으로 기도하다 보니 아이들의 부족한 부분이 더 명확해지고 무엇을 간구해야 할지도 알게 하셨다. 이것은 하나님의 은혜다. 가족을 위해 기도하는 시간을 가지라고 허락하신 은혜. 시간과 체력이 더 허락된다면 한 바퀴를 더 돌며 아직 믿지 않고 있는 시댁 식구들을 위해 더 많은 기도를 드리고 싶다.

그렇게 되겠지?

한 바퀴 걷는데 약 7분인데, 7분 더 한다고 뭐가 문제가 될까. 힘들다고 생각하는 게 문제지. 운동으로 건강해지고, 더 이상 살이 찌지 않아서 감사하고, 가족을 위해 기도하니 왠지 당당해지는 느낌이다.

이거 혹시 교만일까?

> 월 2023-06-19

오늘은 아버지날!

어제저녁 잠들기 전, 남편에게 말했다.
"자기야, 내일은 조금 더 자도 되겠네!
11시 예배니까, 우리 집에선 가까우니까."
매년 야외 예배를 가던 우리는 최근 몇 년 코로나 때문에 갈 수 없었는데, 3년 만에 가게 되었다. 게다가 아버지날이라 더 특별한 날이었다. 다음날, 순원들이 먹을 것을 챙겨야 할 것 같아 밖으로 나가 보니 아침잠이 없어진 남편이 오랜만에 운동을 준비하고 있었다. 더군다나 아버지날인데, 나는 남편에게 이렇게 말했다.
"자기야 오늘 같은 날은 안 먹고 가도 되는데, 아버지날에 아버지가 이런 수고를 하면 되겠어?"
그랬더니 남편은 이렇게 대답했다.
"원래 아버지들은 바라는 게 없는 거야."
아들들이 엄마보다 아빠를 덜 찾는다는 볼멘소리를 가끔 하던 남편이었지만, 바라는 게 없다니.
"자기야 그래도 그건 아니지.
저녁에 막내가 멋진 곳에 초대했잖아요!"
지난달 어머니날엔 큰아들도 오고, 가족 모두 함께 식사했지만, 아버지날인 오늘은 큰아들도 못 온다고 하고 작은아들은 훈련이 있어 한 달이나 집을 비웠으니 혹시 섭섭했을까 하는 마음이 들었다. 그래도 아침에 문자는 보냈던데.
'Happy Father's Day!'

아무튼 맛있게 아침을 먹고 야외 예배 장소에 도착하니 생각한 것과는 달리 많은 사람이 준비를 마치고 교인들을 맞이하고 있었다. 이제 실전에서 물러난 것이 확연하다. 남편이 아니어도, 내가 아니어도 교회 일은 잘 돌아가고 있다. 다행이고 감사한 일이다.
　손을 놓을 수 있을까 했는데, 시간이 지나고 보니 하나님의 일은 우리의 생각과 다르다는 것을 깨닫는다. 주어진 시간 속에서 각자 최선을 다해 봉사하는 모습이 참으로 은혜롭다. 오늘도 보이지 않는 구석구석에서 열심을 다하시는 집사님들을 보니 흐뭇했다. 하나님께서도 분명 기뻐하실 것 같다.
　곧 장마가 시작된다고 하더니 너무 덥다. 점심을 먹고 교회에서 준비한 2부 순서가 시작되었다. 보물찾기와 웃음과 단합을 하게 하는 팀별 릴레이 게임 몇 가지를 하고 시상식에 마지막 마침 기도까지, 어느새 시간이 훌쩍 지나 5시가 넘었다. 정말이지 오랜만에 실컷 웃고 힘을 쓰는 시간을 보냈다. 막내아들 초대에 멋진 식당에 갔다. 랍스터, 킹크랩, 우리는 엄두도 못 내는 메뉴를 막내는 아버지날이라고 크게 한턱을 냈다.
　멋진 우리 막내, 고맙다!

화 2023-06-27

6월 순모임

장맛비가 매일 내리던 토요일, 우리 3순의 순모임이 있었다. 한 가지씩 음식을 준비해 정말 다채로운 만찬이 펼쳐졌다. 내가 준비해 간 것은 잘 익은 열무김치와 식혜다. 김치 익은 냄새에 너무나 군침이 돈다며 얼른 식사를 하자고 재촉한다. 만남의 장소를 제공해 주신 집에서는 밥과 스테이크를 준비하셨고, 야채볶음, 애그롤, 콘샐러드, 디저트로는 케이크까지, 이렇게 차려 놓으니 한 집에서 전부 준비하는 것보다 훨씬 좋은 것 같다.

식사를 끝내고 순모임 나눔지를 함께 읽고, 돌아가며 기도 제목들을 나누는 시간이 돌아왔다. 우리 부부가 제일 연장자였고 우리 둘째와 막내와 나이가 같은 희선이와 정인이, 그리고 그 언니와 열세 살 차이가 나는 늦둥이 예슬이를 둔 집사님 부부, 올해 대학에 가는 영찬이와 고등학생인 영광이를 둔 집사님 부부, 그리고 초등학교 5학년 승리와 3학년 노아의 부모님도 함께였다.

3순의 순장인 김아론 집사님 가정은 초등학교 3학년인 요한이와 세 살 소울이, 장소 제공을 하신 집사님네는 초등학교 2학년인 건우와 세 살 지우를 키우고 계셨다. 그래서 대부분 기도 제목을 내라면 "아이들이 건강하게 잘 자라길" 이런 식으로 기도 제목을 내시는데, 언젠가 순장님이 좀 더 구체적으로 기도 제목을 이야기하는 것이 하나님을 기쁘게 하는 것이라 말씀하시니 각 가정이 솔직하게 가정사들을 이야기하며 기도를 부탁하는 일이 일어났다.

희선이와 정인이네는 두 아이가 다 집안에서만(대인기피증) 생활하여 식사도 각자 따로 하는 상황이라, 그들이 인격적으로 하나님을 만나 자연스럽게 교회 예배에 참석할 수 있기를 기도 제목으로 나누었다.

　대학에 가는 영찬이는 성격이 너무 내성적이어서 친구들과 사귀지 못하여 늘 혼자인 것이 마음 아프고 운전하는 것도 걱정되고. 대학 기숙사에서 잘 적응할 수 있을지 걱정이라고 하셨다. 반면, 둘째 영광이는 너무 활동적이어서 차분하지 못한 것이 기도 제목이고, 방학 동안 게임만 하지 않기를 바라는 엄마의 마음도 함께 담겼다. 아버님은 갑상선에 불편함이 있어 7월 중순에 재검사를 앞두고 계시는데, 좋은 결과가 나오기를 기도해 달라는 영찬, 영광 아빠의 기도 제목도 있었다.

　승리 엄마는 벌써 사춘기가 시작된 것인지 말대답을 자주해 부딪침이 잦아졌다고 기도해 달라고 하셨고, 8월에 아이들과 LA에 있는 언니네를 방문할 예정인데 아버지와 사이가 좋지 않은 언니 때문에 아이들 커가는 모습을 아버지께 보여드리지 못해 속상하다고 하셨다. 언니가 예전에 하나님을 사랑했던 첫사랑을 회복할 수 있도록 기도해 달라는 부탁도 있었다.

　승리, 노아 아빠는 아이들이 건강하고 신앙적으로도 잘 자랄 수 있도록 기도해 달라고 하셨고, 요한, 소울 아빠는 집안에서 삶의 모습과 밖에서의 모습이 동일할 수 있도록 기도해 달라고 하셨다.

　그 이유는 요한 엄마가 설명해 주셨다.

"제 남편이요, 밖에서는 칭찬받는 모범생 남편인데요, 집에서는 그렇지 않거든요, 집안일을 많이 도와주고는 있지만 의무감으로 하는 것 같거든요, 소울이한테 하는 거 반만이라도 저에게 다정했으면 좋겠어요."

자리 제공을 해 주신 건우, 지우 아빠는 이곳에서 굉장히 큰 규모의 마켓을 운영하고 계시는데, 두 부부가 사람들과의 관계 때문에 생기는 일을 지혜롭고 침착하게 잘 넘길 수 있도록 기도해 달라고 하셨다. 남편의 기도 제목은 언제 어디서나 하나님과 교제하는 시간이 되기를, 나의 기도 제목은 하나님이 주신 사업체에서 열심히 사는 모습만 보이지 말고 더 친절하게 응대할 수 있도록 하는 것이었다.

아직 30대 중반의 집사님들!

시간이 해결해 줄 것이다. 그렇다고 기도를 멈추면 안 된다. 예전에 우리 아이들을 키울 때 고민했던 것들을 지금 그분들이 하고 있는 것을 보니 세월의 흐름을 느껴진다. 믿고 의지하며 기도할 때 우리의 모든 것을 아시는 주님께서 기도를 들으시고 응답해 주실 것을 믿으며 기도해야 한다.

화 2023-07-04

7월 연휴

초록이 우거지며, 무더워지는 7월이 시작되었다. 아이들의 방학으로 교회의 빈자리가 많았다. 더군다나 독립기념일 연휴를 맞이하여 여행을 떠나는 이들로 인해 거리까지 한산해진 것이 느껴졌다.

큰아들 내외는 손녀를 데리고 디즈니월드로 떠났고 작은아들은 열흘 동안 차를 운전하여 캐나다를 여행한다며 어제 길을 나섰는데, 방금 나이아가라 폭포를 지나간다며 사진을 보냈다. 막내는 방학 동안 일을 많이 하여 돈을 모아 놓아야 한다며 연휴를 반납했다. 지극히 당연한 것인데, 엄마인 나는 마음이 짠했다.

작년 이맘때 우리 부부는 비즈니스를 아들들에게 맡기고 볼리비아로 열흘 동안 단기 선교를 다녀왔었다. 올해도 꼭 가려고 했는데, 이런저런 핑계로 가지 못했다. 그곳에 목사님과 전도사님에게 너무 죄송했다. 죄송스러운 마음으로 소식도 전하지 못하며 기도를 했다.

두 분의 건강과 계획된 볼리비아 청년부흥회가 잘 마쳐질 수 있기를. 우리의 시간이 아닌 하나님의 시간에 보내질 수 있기를. 이런 마음이었지만, 또한 황금 같은 연휴를 그냥 보낼 수는 없다는 생각에 토요일 저녁 갑자기 1박 2일간의 간단한 여행을 계획했다. 1부 예배를 마치고 길을 떠나기로 했다.

세 시간 운전해서 가는 산, 블루마운틴을 갔다가 산을 굽이굽이 돌아 늦지 않은 시간에 아틀란타에 도착하여 1박을 하고 찜질방에 갔다가 미용실을 들러 커트하고 장을 보고 맛있는 밥도 사 먹고. 한마디로 편안한 여행을 계획한 것이다. 정말 좋은 시간을 보낼 수 있을 것 같다. 가면서 먹을 물, 커피, 과일, 찐 계란, 주전부리할 과자들과 갈아입을 옷, 편안한 신발을 챙기고, 장 보면 담을 아이스박스를 차에 실어 놓고 잠자리에 들었다. 우리 부부는 참으로 쿵짝이 잘 맞는 것 같다.

아니, 서로의 의견을 존중해 주는 건가?

아무튼 그렇게 길을 나섰다. 두 시간을 달리는 동안 좋아하는 손경민 목사님의 은혜로운 찬양을 흥얼거리며 아침에 들은 목사님의 설교를 통해 받은 은혜를 나누었다. 가는 동안 어느새 점심을 먹을 곳에 도착했다. 이렇게 깊은 시골에도 한류 열풍으로 중국 사람이 운영하는 한국 음식점 '돌솥'이라는 식당이 있다. 산에 올 때마다 들러 가는 식당이다 보니 단골이 되어 버렸다. 비록 일 년에 한두 번이지만 말이다.

나는 돌솥밥을 남편은 제육볶음을 시켰다. 식사하며 날로 음식 맛이 발전하는 것이 느껴져 기분이 좋아졌다. 배불리 먹고 다시 출발, 늘 가는 코스지만 볼 때마다 다르게 다가오는 산, 오늘은 산에 푸른 나무들이 브로콜리 같다는 생각이 들어 남편에게 이렇게 말했다.

"자기야 나무들이 브로콜리 같지 않아?

송이송이가 붙어 있는 것 같지?"

그랬더니 남편은 이렇게 답했다.

"어, 정말 그런 것 같네."

노스캐롤라이나 '인디안 보호 구역'에는 카지노가 있는 5성급 호텔이 있다. 아니, 아니 우리가 그곳에 온 목적은 게임하는 것이 아니라 산 중에 있으니까, 오면 더위도 식힐 겸, 추위에 몸도 녹일 겸 들리는 곳이다. 호텔 안에는 작은 상가들이 있어 구경하는 재미가 쏠쏠하다. 그러다가 마음에 드는 것 하나 사는 재미도 있고, 이젠 손녀 물건 하나씩 사는 것도 즐겁다. 계곡에선 물이 흐르고 조경이 아름답게 꾸며져 있어 잠깐 쉬어 가기엔 딱 좋은 곳이다.

  오늘도 역시 사람이 많았다. 그들도 이 연휴를 즐기기 위해 이곳에 왔을 것이다. 주변의 타 도시에 번호판들이 그것을 말해 주었다. 낮 시간이 긴 요즘은 여행하는 시간이 긴 것 같은 느낌이 든다. 내 평생에 한 번도 가 보지 않은 길들을 지나간다. 내가 만나는 모든 것이 좋은 추억으로 마음에 오래 남을 것이다.

월 2023-07-10

인생은 60부터!

얼마 전에 큰언니에게서 소포가 하나 왔다. 기쁜 마음에 열어 보니 은수저 세트가 들어 있다. 나와 남편 것으로 보내신 것이다. 카드도 있다.

"사랑하는 막냇동생 생일 축하해!

어느새 60이네!

그동안 열심히 산 것처럼 제부랑 그렇게 건강하게 서로 사랑하며 살아."

언니에게 얼마나 감사한지, 나는 챙기지도 못하는데, 내 나이가 벌써 60이라니 믿기지 않는 숫자이다. 큰언니가 말한 것처럼 지금까지 하나님을 믿으며 열심히 살아왔다고 자부한다. 세 아들을 키우고, 비즈니스 하며, 큰아들 장가도 보내고 예쁜 손녀의 할머니가 되었다.

이민생활 26년 동안 굽이굽이 많은 고난, 아니 힘든 시간도 있었지만 하나님의 은혜로 지금의 내가 여기 있다. 후회하는 순간은 있지만, 다시 그 시간으로 돌아가고 싶지 않은 것은 그때마다 최선을 다했다고 생각하기 때문이다.

부모님이 63세라는 나이로 일찍 돌아가셨기 때문인지 나도 그리 오래 살지는 못하겠구나라는 막연한 생각을 했었다. 하지만, 지금의 나는 쌩쌩하다. 좋은 생각과 좋은 것을 바라보고 매일 운동하고, 늘 감사한 마음으로 살아서인지 나이보다 훨씬 덜 보인다는 소리를 많이 듣는 편이다.

남편은 금일봉을 주었고, 큰아들은 내가 별로 좋아하지 않는 향수를 사 왔지만, 예쁜 손녀와 2박 3일 동안 좋은 시간을 보낼 수 있게 해 주어 고맙다. 두 아들에게 생일을 기억시키며 억지로 선물을 받아 냈다. 조금 치사하기는 하지만, 가르치는 차원에서 말이다. 성가대 대원들에게, 같은 순원들에게 축하 메시지가 계속 왔으며 정말 생각지도 못한 목사님 부부가 가게로 꽃을 사서 오셨다. '완전 멘붕'이라 어찌할 바를 모르겠는데, 사모님은 이렇게 말씀하셨다.

"집사님도 제 생일, 남편 생일 지금까지 매년 챙겨 주셨잖아요.

늘 감사하기만 했는데, 이번엔 집사님이 60이란 특별한 메시지도 있고 해서요!"

너무 감사했다. 나 따위가 뭐라고, 바쁜 목회에 나를 위해 이곳까지 오시다니 고마운 마음을 담아 지금처럼 두 분을 위해 더 많은 기도와 사랑을 드려야겠다고 생각했다. 그 저녁, 아들들 없이 남편과 외식도 하고, 이곳 핫 플레이스인 동네에 가서 아이스크림도 먹으며 시간을 보냈다. 오랜 연인이며 오랜 친구인 남편과 함께여서 더 감사했다.

월 2023-07-17

대책 없는 문제들

지구가 몸살을 앓고 있어서인지 나라마다 천재지변으로 인한 피해가 말로 다할 수 없는 상황이다. 뉴스를 통해 듣는 소식들은 가슴을 쓸어내려야 하는 사건들뿐이다. 고국의 장마로 인한 피해 소식은 더욱 안타깝고 마음이 무겁다.

미국에서 전해지는 한국 뉴스는 주로 워싱턴과 LA 같은 큰 도시에서 방송된다. 한국어로 미국 소식을 자세히 전해 주니 잘 보고 있다. 52개 주에서 살고 있는 한인들의 소식이나 미국 내에서 시행되고 있는 중요한 사항들을 자세히 알려 주니 많은 도움이 된다. 이 모든 것이 문명의 발전과 미디어의 발전이 아닌가 싶다. 불과 이삼십 년 사이에 일어난 변화라고 생각하면 더욱 놀랍다.

내가 살고 있는 이곳이 작은 곳이라고는 하지만, 흩어져 살고 있는 한인들과 교류한다는 것이 쉬운 일은 아니다. 그런데 요즘엔, 카카오톡을 통해 참 많은 일이 일어나고 있다. 싱싱한 야채와 채소를 카카오톡으로 주문해 정해진 장소와 시간에 살 수 있고, 구인 구직 정보를 나누며 한국에서 이제 막 이주한 분들이 이곳을 통해 생활 정보를 얻기도 한다.

또한, 중고차 판매와 한국으로 이사 가시는 분들의 무빙 세일을 통해 필요한 것을 직접 살 수도 있고, 팔 수도 있는 단톡방도 있다. 이것이야말로 정말 필요한 커뮤니케이션이 아닐까 싶다. 한인들만이 공유하는 정서가 통하기 때문일 것이다. 이 모든 것이 무한하게 발전하는 지금인 것을 잊지 말아야 한다. 발전해서 좋은 세상에 살고 있지만 그로 인해 자연은 파괴되어 가고 있다.

더 좋아지는 것에 비해 더 나빠지는 것들도 많음을 느낀다. 가장 심한 것은 사람 간에 일어나는 무서운 일들이다. 얼마 전에 들은 이곳 뉴스로 밀리는 도로에서 양보를 안 한다고 상대방의 차를 일부러 들이받고, 그렇게 내린 사람을 차로 치어 죽게 한 사건이 있었다. 난폭하게 운전하는 운전자를 향해 말했다가, 화가 난다고 총으로 말한 사람을 죽이는 사건도 있었다. 죽는 사람이 누구인지도 모르면서 저지르는 총기 사고들, 인격 형성이 되지 않은, 사람이라고 할 수 없는 자들의 짓이다.

　유독 이곳에서만 일어나는 일일까?

　변하는 세상만큼 사람들의 삶도 바뀌고 있기 때문일 것이다. 죄가 만연한 세상, 그 속에서 자라나는 우리의 다음 세대들. 당장 내 손녀, 내 손자들이 걱정이다.

　뚜렷한 대책이 있을 리 만무하지만, 믿음을 가지고 살아가는 우리들만이라도 다르게 살도록 노력해야 하지 않을까?

　아이들에게도 그렇게 가르치며 살아야 한다. 내 것을 다 내 것으로 생각하지 않고, 내 것을 나누며, 마음을 나누며, 빈손으로 왔다가 빈손으로 간다는 진리를 잊지 않고 살기를 소원해 본다.

`화 2023-07-25`

2023년 하반기를 보내며 …

    시간이 더 빨리 지나간다는 느낌을 받는 것은, 나이에 맞는 속도로 질주하기 때문일 것이다. 십 대와 이십 대를 보낼 때는 시간이 너무 더디게 간다고 생각한 때가 많았던 것을 기억한다. 오늘도 60마일로 달리는 속도를 제어하고 싶지만, 통제가 불가능함을 알기에 수긍하며 살아간다.

    2014년 4월로 기억되는 성경 필사는 구약과 신약을 다 쓰는데 7년이라는 시간이 걸렸다. 2021년 6월, 7권의 두꺼운 노트를 가슴에 안고 기뻐했던 때가 생각난다. 한글로 썼으니 이제 영어로 도전하기를 재촉하시는 하나님의 마음을 읽고 그해 6월 28일, 영어 성경 필사를 시작했다. 한글과 다르게 영어는 쓰는 속도가 많이 더디고, 이해도 어렵다. 잘 모르는 단어를 사전에서 찾아 노트에 적기를 반복하다 보니 속도가 나지 않는 것은 당연한 일이다.

    하루 3시간을 채우려고 노력하며, 가게에 나와 일을 시작하기 전에 매일 거의 같은 시간에 성경을 쓴다. 한 장씩 쓰기에는 부담스러워 나눠서 쓰기도 하고, 그 일에 너무 매달리다 보면 지칠 것 같아 쓸 수 있는 만큼만 쓰려고 한다. 그날그날 하나님이 나에게 주시는 말씀을 생각하며 쓰려고 하지만, 하나님께서는 잘 감추시고 나는 쓰는 일에만 열심을 내는 것 같다. 갈 길이 아직도 먼 요한계시록. 게으르지 않고, 지치지 않고, 계속되기를 늘 기도하고 있다.

    마라토너가 목적지에 도착하기 위해 숨 조절을 하는 것처럼, 나 또한 그렇게 완주할 수 있기를 기도한다. 세 아들과 손녀가 이다음에 도전하기를 바라는 마음이 간절하기에 포기할 수 없는 것이다.

얼마 전, 지인이 보내 준 동영상 하나가 많은 생각을 하게 했다. 내일을 알 수 없는 삶이지만, 이것만은 꼭 끝내야 한다는 마음이 간절해졌다. 그 영상의 내용은 "비참한 노후 요양원에 안 가려면 세 가지만 지켜라"라는 것이었다.

첫째, 육체적 독립(기초 체력 유지)
둘째, 정신적 독립
셋째, 경제적 독립

100세 시대를 살고 있는 지금, 꼭 필요한 것 같아 남편에게 이야기했더니 우리에게는 조금 이른 것 같지 않냐고 한다. 참 남자들은 마음이 느긋한 것 같다. 그 후 우리 부부는 육체적 독립을 하기 위해 저녁 9시마다 어떤 예쁜 강사가 함께하는 체지방을 확실히 태워 주는 논스톱 30분 유산소 운동을 매일 하고 있다. 어렵지도 않고, 따라 하다 보면 땀이 흠뻑 나고 내 자신이 기특하고 사랑스럽게 느껴지는 순간도 있다.
정신적 독립을 위해서는 늘 하던 대로 성경을 쓰고, 새로운 일에 관심을 두고 참여하려 애쓰고 있다. 그리고 경제적 부분은, 남편 말대로 아직 우리가 운영하는 비즈니스 덕분에 노후에 넉넉하지는 않지만, 아이들에게 손을 내미는 일 없게 준비를 잘하고 있는 듯하여 하나님께 늘 감사하는 마음을 가지고 있다. 이런저런 준비를 통해 하나님의 자녀로 잘사는 모습을 보여야 하는 것도 우리의 몫이다.

화 2023-08-01

여름나기

    초복과 중복이 지나고 말복만 남은 유난히 더운 이 여름, 어떻게 지내고 계신가요?
    에어컨이 작동하는 가게임에도, 조금만 움직여도 땀이 나는 삼복더위다. 먹는 거라도 잘 먹어야 더위와 싸울 텐데, 여름 음식으로 무엇이 좋을지 매일 고민하게 된다. 특히, 점심 도시락을 싸는 것은 매일 고민이다. 데워서 먹는 것을 피하다 보니 오이미역냉국, 어묵볶음, 깻잎김치, 오이지무침, 콩나물냉국 같은 반찬이 주를 이룬다. 이런 메뉴를 보내다 보면 남편에게 미안한 마음이 든다.
    한증막이 따로 없는 공장과 이곳을 어떻게 비교할 수 있을까?
    이런 마음을 가진 분들이 분명 많을 것이다. 그래도 남편은 한 번도 싫은 내색하지 않고 늘 열심이다. 나는 남편을 참 잘 만났다. 늘 그렇듯, 그 남편을 위해 저녁상을 차린다. 같은 시간에 가게 문을 닫기 때문에 늘 먼저 오는 것은 남편이다. 집에 오자마자 부엌으로 향하여 아침에 준비해 놓고 간 재료들을 꺼내 야채를 썰고 남아 언어 회덮밥을 식탁에 펼쳐 놓는다. 초고추장, 연어알, 참기름까지 곁들여서 말이다.
    가족이 즐겨 먹는 연어회덮밥은 코스트코에서 산 냉동 연어를 접시에 담고, 불린 다시마를 연어 위에 올려놓고 랩으로 싸 냉장고에 넣어 두면 낮 동안에 숙성이 되어 비린 맛을 없앤 회덮밥을 먹을 수 있다. 또 어떤 날은 소면을 곁들인 골뱅이와 오징어채 무침이 메인 메뉴가 되기도 하고 신김치를 삼겹살과 볶고 두부를 삶아 접시에 담으면 두부김치가 된다.

예배 가는 수요일과 금요일엔 교회 가는 길에 있는 서브웨이에서 치즈 스테이크 긴 샌드위치 하나로 둘이 한 끼를 해결하기도 한다. 이 또한 별미다. 이렇듯 매일 고민하다가 하루는 큰 종이에 매일 보내는 메뉴를 적어보았다.

　그렇게 일주일, 그리고 한 달 메뉴판이 완성되니 잠자기 전에 들여다보고 재료를 꺼내 놓으면 아침에 망설이지 않고 반찬을 만들 수 있어 시간도 절약되고 좋았다. 주말은 일정하지 않다. 약속도 있고, 가끔 외식도 한다. 주일 오후 5시는 아직 집에 있는 아들들이 꼭 집에서 식사하는 시간이다.

　주중에는 바쁘다는 이유로 함께 식사하기 어려우니 하루만이라도 온 가족이 함께 먹는 날로 정해 두었다. 스테이크를 굽기도 하고, 대구로 생선가스를 만들기도 하고, 닭 날개로 양념치킨을, 감자탕이나 곱창전골, 갈비찜도 자주 올리는 메뉴다. 정말 별미로 특별한 것을 하려고 나름 애를 쓴다. 물론, 남편도 아이들도 좋아하는 메뉴다. 아직 가을을 기다리기에는 많은 날이 남아 있지만, 지혜롭게 이 여름을 잘 이겨 내기를 바라본다.

월 2023-08-07

하나님이 받으실 영광!

지난달 마지막 주일은 교회가 서른여덟 살이 되는 생일이었다. 그동안 교회들이 그렇듯 우리 교회도 여러 번의 고비와 위기를 겪어 왔다. 그 과정을 지나며 우리 교회는 정말 하나님이 지키시는 교회라는 믿음이 더욱 굳건해졌다. 두 번의 청빙 과정을 지켜보았고, 두 번 모두 눈물로 기도하는 성도들의 기도를 들으시는 하나님을 경험했다.

이번 서른여덟 살이 되는 교회 생일을 축하하기 위해 친교부와 예배부, 성가대가 그날을 위해 기도하며 준비했다. 먹는 것으로 유명한 우리 교회, 점심 친교 메뉴는 정말 맛있는 식사였다. 특별히 신경 써서 준비한 교회 꽃꽂이는 너무나 아름다웠고, 성가대는 1부와 2부가 악기팀과 함께 모여 연습하고, 찬양을 준비했다. 우리 자신도 은혜받으며 준비한 찬양이라, 두 번을 부르는 내내 감동이었다.

이 모든 것이 하나님이 주시는 은혜가 없으면 하지 못하는 것이다. 나에게는 몇 주 전부터 그날을 위해 꽃꽂이를 하라는 마음을 주셨다. 평소에도 한 달에 한두 번은 꽃꽂이하지만, 이번엔 특별히 더 아름답게 하고 싶은 마음이 들어 다른 사람들이 올린 동영상을 자주 보며 어떤 꽃을 메인으로 할지를 고민했다. 생일 전날이 되어서야 글라디올러스를 생각하게 되었는데, 이 동네에서는 잘 보지 못하던 꽃 것이라 걱정이 되었다.

꽃을 사러 자주 가는 곳으로 향하면서도 마음속으로 기도했는데, 트레이더 조 입구에 글라디올러스가 서 있는 것을 보고 얼마나 놀랐는지 모른다. 우리 하나님은 정말 대단하신 분이시다. 하나님을 기쁘게 하고 싶은 마음을 아신다는 걸 느꼈다. 베이직 초록색, 노란색 장미, 짙은 분홍색의 백합, 키가 큰 주황색의 글라디올러스를 선택했다.

커다란 바구니에 오아시스 네 개, 정말 크고 웅장하게, 그리고 너무나 예쁘게 꽃꽂이를 마쳤다. 토요일 저녁, 본당에 가져가 놓고 보니 "보시기에 좋았더라" 하신 말씀이 떠올랐다. 그리고 또 한 가지, 나는 1부 성가대 총무를 맡고 있는데 1, 2부 성가대와 악기팀이 함께 단합하는 자리에서 먹는 것이 빠질 수 없다는 생각에 지난주 연습을 마치고 "아침 일찍 오시니까 제가 주일 아침을 준비하겠습니다" 하고 먼저 공표했다. 뭘 할지는 생각도 안 하고 말부터 했지만, 고민은 그다음에 해도 되니까.

여러 사람이 번잡하지 않게 먹을 수 있는 음식, 바로 닭죽이 떠올랐다. 토요일 오후, 찹쌀을 물에 불리고 큰 곰솥 두 개에 물을 끓여 제법 무게가 나가는 닭 두 마리씩을 넣고 대파 뿌리, 월계수 잎, 생마늘을 듬뿍 넣어 두 시간을 삶았다. 모두 건져 내고 씻어 건져 낸 찹쌀을 넣고, 가끔 저어가며 살폈다. 그리고 닭은 식혀 내어 뼈를 발라내고, 잘 끓고 있는 찹쌀에 닭을 넣고 저어 주니 맛스러운 닭죽이 완성되었다.

다음날 아침, 일찍 교회에 큰 밥솥에 넣고 다져 놓은 당근과 부추를 넣어 보온해 두었다. 1부 예배가 끝난 후 모두 다 함께 나눠 먹었다. 더운 여름이니까 식혜도 준비했다. 잔칫날, 연합하여 찬양으로 하나님을 기쁘게 하고 기쁜 마음으로 준비하여 많은 사람의 배를 채우고 입을 즐겁게 했다. 그렇게 하고 싶은 마음을 주신 분은 내 안에 계신 성령님이시다.

화 2023-08-15

의사소통이 멀지 않음은 …

　입추가 지나고 말복이 지났다. 정확한 하나님의 시간임을 우리는 알고 있지만 세상 사람들은 바뀌어 가는 계절의 변화에만 민감해져 예전과 같지 않은 것에만 집중하는 것을 보게 된다. 그러나 때에 따라 바뀌는 모든 것이 하나님의 계획인 것을 그들이 알기를 원한다.
　그들이 하나님의 자녀가 되는 그날을 꿈꾸며 기도하는 것을 멈출 수가 없다. 그렇게 기도하는 사람 중에 내 아들들도 포함되어 있다. 그래서 더 안타까운 것 같다. 분명 그들도 하나님의 자녀임은 알지만 삶이 따라 주지 않는다는 생각이 마음을 무겁게 한다.
　장가가서 자기의 가정을 꾸린 큰아들도 아이가 어리다는 이유로, 좋은 교회를 찾지 못했다는 이유로, 예배를 인터넷 예배만 드리고 있으니 안타깝고, 같이 사는 아들들은 교회에는 가지만 예배 시간을 지키지 않고 늘 지각하는 모습이 마음 아프다. 일주일 내내 성경 읽는 모습, 기도하는 모습을 볼 수 없으니 어찌해야 할지 모르겠다.
　정말, 물려줄 유산이 하나님밖에 없는데, 내일을 알 수 없는데, 아이들의 모습은 오늘도 내 잔소리를 귀찮아 한다. 지난주 토요일, 큰아들의 34번째 생일을 맞이해 며느리와 손녀 세희가 와서 오랜만에 식구가 다 모여 준비한 저녁을 함께 먹고 케이크도 자르고 시간을 보냈다. 아직 며느리가 차려 주는 밥 한 끼 먹어 본 적 없지만(앞으로도 기대하긴 어렵겠지) 지금 내가 해 줄 수 있는 이 시간이 나에게는 더없이 귀하게 느껴진다.
　그 아들이 34살이란 사실이 나를 뒤돌아보게 한다. 아직 많은 시간이 남은 것처럼 느껴지지만, 내일 일은 알 수 없기에 나는 저 아들과 며느리, 손녀에게 하나님을 잘 증거하며 살고 있는지 생각해 본다.

한국 며느리가 아니어서 음식을 다 준비하여 차려놓으면 맛있다고 잘 먹고, 설거지하는 것으로 나를 위로하는 듯하다. 아직 21개월 된 아가를 돌보는 학교를 보내다 보니 한 아이가 감기에 걸리면 모두 감기가 들어 고생하고 설사하는 장염이 돌면 설사로 또 며칠을 고생한다.

그러던 중 아들이 말했다.

"몇 주만이라도 어머니가 봐 주시면 안 될까요?"

"왜 안 돼, 엄마는 너무 좋지."

이제 이틀째 아이를 가게에 데리고 나와 함께하고 있다. 그새 얼마나 컸는지 말귀를 다 알아듣고 자기가 원하는 것을 다 얻어내는 모습을 보니 다 컸다. 아들은 한국말을, 며느리는 중국말을, 학교에서는 영어를 사용하니 얼마나 생각이 많겠는가. 말이 더딘 것은 당연한 것이라고 생각하며 아이가 충분히 생각한 후에 천천히 입을 열기를 기다려 주고 있다.

월 2023-08-21

우연을 가장한 행복한 계획

어느 날, 시간에 따라 바뀌는 현상들에 대해 깊이 생각하게 되었다. 그날은 우연을 가장한 행복한 시간이 우리를 기다리고 있었던 때이기도 했다. 여름휴가를 제대로 가 보지 못했는데, 더 늦어 바닷물에 발도 못 담기 전에 1박 2일 바닷가에 가면 어떨까 하고 남편에게 이야기를 꺼냈다. 이 이야기를 수요 예배를 마치고 돌아오면서 했는데, 다음날 남편이 이렇게 말했다.

"예약했어, 호텔."

"벌써?"

놀라며 묻자 남편은 이렇게 답했다.

"아내가 원하는데, 갈 수 있으면 가면 되는데 뭘 망설여."

시간에 따라 바뀐 첫 번째 현상이다. 옛날 같았으면 갑자기 가는 여행지에 호텔 예약은 꿈도 못 꿨을 것이다. 특히, 황금 같은 주말엔 비싸도 너무 비싸니까. 미국에서 살아온 세월이 우리 마음을 바꿔 놓았나 보다.

둘째와 막내에게 두 가게를 맡기고, 노 요일 아침 우리는 출발했다. 예전 같았으면 먹을 것을 바리바리 싸갔겠지만, 지금은 "가서 사 먹지" 하는 여유가 생겼다. 아이들이 동행하지 않는 우리 둘만의 여행은 이미 오래전 일이다. 언제 큰아들 내외와 손녀, 함께 사는 두 아들과 같이 여행할 수 있을지 모르겠다. 다들 바쁘다고만 하니, 예전엔 엄마가 계획하면 모두 따라올 수밖에 없었던 때가 있었는데 말이다.

아침 겸 점심으로 좋아하는 오므라이스를 먹고 다시 길을 나섰다. 세 시간 운전하여 도착한 호텔에 조금 이른 체크인을 문의했더니, 들어가도 된다고 했다. 시간에 따라 바뀐 두 번째 현상은 고민하거나 걱정하지 않고 물어보고 해결한다는 것이다. 자연스럽게 영어가 나오기도 했지만, 미국에서 살아온 세월이 말을 대신했다.

호텔에 올라가니 바다가 한눈에 들어왔다.

"와, 바다다!"

작게 보이는 사람들이 파도에 넘실거리고 해변을 걸으며 파라솔 아래에서 쉼을 즐기고 있었다. 우리에게는 많은 시간이 없었다. 내일 아침 또 길을 나서야 했기 때문이다.

오랜만에 수영복을 입고, 큰 수건을 챙겨 바닷가로 향했다. 이미 세워 놓은 파라솔을 렌트하고 자리를 잡았다. 이게 바로 여유였다. 제대로 힐링하는 순간이었다.

남편의 손을 잡고 깊숙한 바다를 향해 나아갔다. 밀려오는 파도에 몸을 맡기며 파도타기를 즐겼다. 물을 무서워하는 나에게 남편의 팔은 든든한 안전대였다. 그리고 한참을 파도타기 하다가 해변을 걸었다. 이쪽 끝에서 저쪽 끝까지. 어쩌면 동양인은 우리뿐인 듯했다. 사진을 찍고 싶어 두리번거리니 백인 아가씨가 물었다.

"사진 찍어 드릴까요?"

친절이 최고였다. 나란히 해변을 걷는 우리의 모습이 그림자로 보였다. 옆에서 내 이야기에 귀 기울여 주는 남편은 든든한 나의 울타리이자, 함께하는 동반자다. 시간에 따라 변화하는 것 중에 또 하나가 남편을 향한 내 마음이다. 더 깊어지는 사랑을 느낀다고 해야 할까.

이 여름을 제대로 즐겨 보자는 마음으로 늦도록 물놀이에 열중했다. 바다가 보이는 최고의 분위기, 맛도 최고인 맛집에서 저녁 식사를 한 후 호텔로 돌아와 바다를 바라보며 밤하늘의 별을 보는 것으로 힐링의 하루가 저물어갔다.

 집으로 가는 길, 아울렛 매장에 들렀다. 참새가 방앗간을 그냥 지나치지 못하듯, 결국 손녀 옷을 사게 되었다. 며칠 후면 예쁜 세희가 온다. 돈 써가며 함께 가게를 볼 알바생을 구했으니, 손녀를 기꺼이 2주간 돌보겠다고 한 것은 탁월한 선택이다. 그 아이가 나와 남편에게 줄 큰 기쁨을 어떻게 돈으로 환산할 수 있을까. 손녀가 와 있는 동안에는 새벽 예배도, 운동도, 못 하는 것이 많겠지만 내게 준 지금 이 시간을 소중히 간직하려 한다.

월 2023-08-28

입 안에 돋은 혓바늘

한바탕의 소나기가 지나간 후에는 시원한 바람이 불어 뜨거웠던 한낮의 땅을 식혀 준다. 아이들은 잘 가고 있으려나, 18개월 된 손녀와 함께 2주간을 보내고 아이는 자기 집으로 돌아갔다. 조금 전까지만 해도 교회에서는 내 껌딱지가 되어 나 아니면 안 된다고 하더니 집에 와 점심을 먹이고 아빠가 갈 준비를 주섬주섬 챙기니 혹시 자기를 두고 갈까 봐 아빠 화장실까지 따라간다.

'나, 원 참.'

그럴 것이라 늘 생각하면서도 섭섭하다. 아이가 머물다 간 집안은 어느새 적막이 흐른다.

"세희, 그거 만지면 안 돼요."

"세희, 할머니한테 와 봐!"

"세희, 이거 먹어, 맛있지요."

테이프 틀면 나오듯, 계속 해야 할 것 같다. 가게를 봐 가며 아기와 함께 있는 것은 쉬운 일이 아니었다. 그래도 엄마에게 아기를 맡길 생각을 한 것이 좋아서, 선뜻 대답했다. 일어나기를 기다렸다가 유모차에 태워 주변에 있는 학교 운동장 8바퀴를 돌며 운동을 하고, 10시쯤 가게에 나가면 함께 세희를 봐줄 알바생 의진이에게 세희를 맡긴다.

그사이 잠깐 내 할 일을 조금 하다 보면 밥 먹일 시간이 되고, 손님이 와서 이것저것 하다 보면 낮잠 재울 시간이 된다. 잠에서 깨면 간식을 주고, 지루해하면 옆에 마켓에 바람 쐬러 한 바퀴 돌고, 가게 안에서 숨바꼭질, 그림 그리기, 스티커 붙이기. 그것도 지루해하면 하는 수 없이 한국어 뽀로로를 틀어 준다. 그러다 보면 어느새 집에 갈 시간이 된다.

"집에 가는 동안 내내 세희 잠자면 안 돼요."
"집에 가서 목욕하고 자장하자"
그렇게 달래도 어떤 날은 잠이 들어 그날 잠 재우기가 하늘의 별 따기가 되곤 한다.
"어쩜 이렇게 예쁠까."
하루에도 수십 번씩 했던 말이다. 손님들이 오면 "하이" 가면 "빠이빠이" 손님들도 세희에게 푹 빠지고, 하루에도 몇 번씩 놀러 가는 옆 마켓 종업원들까지 세희를 환영해 준다.
그렇게 분주하게 2주일을 보냈으니, 입안에 혓바늘이 돋았나 보다. 가끔 아들이 "어머니 힘들지 않으세요" 하고 물으면 "힘들 때도 있지만, 너무 행복한 시간이야"라고 대답한다. 아이들이 가는 주일학교에 가서 율동도 따라 하고 예배도 드리고, 금요 찬양 예배에 가서 함께 참여하며, 너무나 좋은 시간을 허락해 주신 주님께 감사한 마음을 드린다.

화합!

'화합'이란 둘 이상의 물질 또는 원소가 화학적으로 결합하여 다른 물질을 생성하는 일이라고 사전에 명시되어 있다. 내가 살고 있는 샬롯은 한인이 오천 명이 조금 넘는 숫자가 살고 있다고 15년 전에 이곳으로 이사 왔을 때 들었는데 15년이 지난 지금까지도 오천 명이라고 한다. 그때에도 교회는 40개가 넘는다고 했는데, 지금도 크고 작은 교회가 43개라고 한다.

그 많은 교회가 다 잘 부흥하면 얼마나 좋을까?

하지만, 등록하고 교회를 다니는 숫자는 천여 명 정도로 추산하고 있으니 하나님을 모르고 살아가는 한인들이 사천 명에 가깝다. 모두 하나님의 핏값으로 사신 교회들일 텐데, 그나마 건강한 모습으로 성장해 가는 교회들이 있어 다행이라면 다행이었다.

잘 성장해 가던 한 교회는 교회 옆 빈 부지에 성도들이 사용할 실내 운동장을 짓는 과정에서 큰 빚을 지게 되었다고 한다. 그 일 때문인지는 알수 없지만 일부 장로님과 성도가 우르르 교회를 나가 또 새로운 교회를 개척했다. 그러니 남아 있던 성도들이 얼마나 힘들었을까.

그렇게 위태위태하게 몇 년을 버티던 교회와 교회 건물을 가지고 있지만 교인이 몇 안 되는 교회가 화합을 이루어 냈다. 건물을 가지고 있던 교회가 그 교회를 팔아 빚이 많던 교회와 연합하여 빚이 청산되는 놀라운 화합이 이루어진 것이다. 하나님께서 얼마나 기뻐하셨을까. 두 목사님도 잘 연합하시고, 교인들도 잘 화합하여 아름다운 교회가 세워졌다. 그렇게 연합한 교회가 더 부흥하기를 기도한다.

또 한 교회는 목사님의 사임으로 반년 가까이 교단의 목사님이 파송되어 근근이 유지되고 있었던 교회에 젊고 유능한 목사님이 청빙되어 지난주에 여러 교회의 교인들과 목사님들의 축하 속에 부흥회를 겸한 취임예배가 드려졌다. 예전부터 우리 교회는 이웃 교회에서 주중에 부흥회를 하면 본 교회의 예배는 취소하고 이웃 교회에서 함께 예배드리게 하셨다. 시간이 지남에 따라 당연하게 받아들이게 되었었다.

이번 금요일부터 토요일, 주일 5시 세 번에 걸쳐 이 지역에서 "옥성석 목사님을 모시고 샬롯연합부흥회가 시작된다. 강사로 오시는 목사님께서 전하실 말씀을 기대하며 첫날 우리 교회 성가대가 부를 찬양을 열심히 연습했다. 나 한 사람부터 시작하여 이 지역에 하나님의 자녀들이 화합하여 하나님께서 영광 받으실 것을 기대한다.

월 2023-09-11

내 것이 내 것이 아니다

    맑고 쾌적한 아침이다, 하늘엔 구름 한 점 없다. 9월에 들어서며 어느새 해도 짧아지고 그리 덥지 않은 날씨이다. 때에 따라 변화를 주시는 주님께 감사했다. 일 년 중 몇 번 있는 연휴, 그리고 주일과 월요일, 특별한 계획이 없으면 네 시간 운전해서 가는 이웃 동네로 장도 보고, 사우나도 하고, 벼르다 사지 못했던 한국 화장품이나 옷을 구경하며 필요한 것들을 구매하는 경우가 많았다.

    9월 첫 주가 그런 날이었다. 9월 한 달 안내 담당이기에 사역을 다 감당하고 나니 오후가 되었다. 가면 맛있는 식당들이 있어서 가는 도중은 간단한 것으로 요기하였다. 함께 만나 저녁을 먹기로 한 팀이 도착하기 전에 여러 군데에 있는 한국 슈퍼를 돌아다니며 세일 품목을 먼저 확인하는 것이 우리의 임무였다.

    오랜만에 우리 동네가 아닌 남의 동네에서 만난 권사님들과 집에서는 먹기 힘든 곱창구이를 정말 정신없이 실컷 먹은 것 같다. 먼저 확인한 세일 정보를 공유하고는 헤어져 각자 장을 보고 돌아갈 것이었다.

    우리는 다음날 돌아가기 때문에 둘째가 먼저 와 있는 호텔로 돌아왔다. 내일 일찍, 찜질방을 가고 아침을 먹고 쇼핑할 계획이었다. 다음날, 계획한 시간에 맞추어 여유롭게 가게들을 기웃거렸다. 화장품 가게에서 떨어진 로션과 스킨을 구경하고 있는데 내 눈을 의심해야 하는 금액의 화장품이 있었다.

    '자그마치 2,390불, 1,980불 …….'

    "세상에!

    이 금액이 맞아요?"

일하시는 분에게 물었더니 이렇게 대답하신다.

"없어서 못 팔아요."

정말 이래도 되는 것일까?

원화로는 262만 7,143원, 317만 1,148원이었다. 화장품에 금을 발라 놓은 것인지 알 수는 없지만 화가 치밀어 오는 것을 느꼈다. 아니, 없어서 못 판다고 하는 그 말에 더 화가 났는지 모르겠다. 돈의 쓰임새가 이래도 되나 싶어서, 아무리 돈이 많아 주체할 수 없더라도 이건 아니라는 생각에 화가 났나 보다. 안 사면 되지 왜 화를 내냐고 묻는다면 할 말은 없다.

하지만, 내 것이 아니지 않는가. 하나님 것이라 생각한다면 이런 일이 생기지 않았을 것이다. 세상 살아가는 게 얼마나 힘이 드는가. 이민생활은 더 힘들고 어렵게 사는 교인들이 얼마나 많은데. 그런 비싼 물건이라야 사는 사람들도 있다고 들었지만, 참 어처구니가 없었다.

"너나 살하세요!"

이렇게 말하는 사람들도 있을 것이다. 그러려니 하고 넘겨야 했었는데 괜한 정의감에 사로잡힌 것 같다. 사야겠다고 생각한 화장품 구매는 온라인에서 사야 할 것 같았다. 오랜만에 구경나와 이것저것 사려고 했던 마음을 접고 찬거리, 김치 담을 재료, 동네보다 저렴한 라면 종류를 구매하고는 일찌감치 집으로 출발했다.

월 2023-09-18

행복해 보이는 모습!

바람이 좋아 문을 열어 놓았다. 에어컨 바람에 지쳐 보였던 화초들도 바람결에 푸른빛이 더 빛나는 것 같았다. 며칠 전에는 진열해 놓았던 화초 몇 개가 바닥에 떨어져 화분이 깨지는 사고가 있었다. 오랜 시간 물기가 닿았었는지 나무다리가 썩어 무게를 견디지 못했던 모양이었다. '넘어져 쉬어 간다'라고 생각했다. 그동안 치우지 못했던 가게 안의 정원을 쓸고 닦으며 다시 진열하여 새롭게 변화를 주었더니 마음까지 정갈해져 편안함을 느꼈다.

2주 동안 정말 바빴다. 부흥회를 인도하신 목사님들 저녁 식사를 대접하고, 과테말라에서 오신 선교사님 부부와 선교팀 저녁 식사도 준비했다. '집밥이 최고'라고 생각하는 나. 사서 고생을 했다. 드시는 분들은 너무 행복해하셨다. 그 맛에 이것저것 상다리 부러질 듯이 너무 오버했다. 아무튼 그렇게 바쁜 시간을 행복한 마음으로 보냈다. 사실, 남편이 도와주지 않았다면 힘들었을 것이다. 늘 옆에서 칭찬해 주며 도와주니까 힘든 줄 모르고 손님을 치렀다.

우리와 비슷한 시기에 선교사님으로 부름을 받아 과테말라에 가신 선교사님 말씀이 마음속에 깊이 박혔다.

"선교지에서 선교는 그동안 내가 했던 믿음생활을 그대로 보여 주는 것이 선교인 것 같다."

"아멘!"

그 말에 "아멘"이라는 말이 저절로 나왔다. 신앙생활은 하나님이 기뻐하시지 않는 모습으로 했는데 선교하러 갔다고 갑자기 변화되는 것은 아니라고.

그 말에 모두 동감하지 않을까?

선교사님 부부가 너무 해맑으시고, 행복해 보여서 너무 감사했다. 의무적이 아닌 하나님을 얼마나 사랑하는지 보여서 더 그랬다. 우리 부부에게도 그런 모습이 보인다고 말씀해 주시니 그것도 감사했다. 궁금한 것이 너무 많아 시간 가는 줄 모르고 교제 시간을 가졌다.

우리에게 곧 다가올 시간이기에, 더 그랬을 것이다. 어떤 콜링, 어떻게 정리를 하고 가셨는지, 그곳으로 가시게 된 하나님의 사인 등, 같은 모양으로 부르시지는 않을지언정 궁금한 것이 사실이었다. 더군다나 장로로 교회를 섬기다가 평신도 선교사로 자비량으로 우리와 정말 같아서 더 그런 것 같다. 주일 예배 때 선교 보고 형식으로, 스크린으로 사역하시는 모습을 뵙고 보니 정말 각오를 단단히 해야겠다는 생각이 들었다.

그런 대화를 하는 동안 남편에게는 새로운 다짐을 하는 시간이 되었다.

"내년까지 비즈니스가 팔리지 않아도 하나님이 보내시는 곳으로 가야겠다."

우리의 노후로 쓸 모든 것을 내려놓겠다는 것이었다.

아멘, 아멘!

내 마음도 같은 마음이었다.

월 2023-09-25

감당하고 견뎌야 할 것이 있다

요즘 내가 많이 읽는 것 중 하나는 김유비 목사님의 『치유 편지』이다. 일주일에 한 번씩 오는 그 편지에 담긴, 따뜻한 목소리로 전해지는 예수님의 진심은 이렇다.

> 나의 자녀야, 너의 부족함을 부끄럽게 여기지 말아라.
> 네가 괜찮은 사람이라고 애써 자신하지 않아도 된단다.
> 너의 의지로 버텨 내려고 안간힘을 쓰지 말거라.
> 약해서 무너지는 너를 아무도 비난할 수 없단다.
> 한 걸음도 나아가지 못하는 너라도 괜찮다.
> 네가 보낸 그곳에 가만히 머무는 것이 얼마나 힘든지 안다.
> 가만히 오래 머문 것만으로도 너는 이미 사명을 이룬 것이란다.
> 내가 십자가에 가만히 머문 것이 나의 실패처럼 보일지라도 결과는 그 반대란다.
> 내가 고통받으며 가만히 매달려 있던 십자가는 너와 하늘을 연결하는 문이 되었단다.
> 나는 고통받는 너를 구경하지 않는단다.
> 네가 울 때 내 마음이 찢어질 듯 아프단다.
> 조금만 기다려 주렴.
> 내가 너의 눈물을 멎게 할 것이고 너의 고통을 멈추고 너를 일으켜 세울 것이다.
> 사랑한다, 나의 자녀야.

나는 오늘 하루도 내가 감당하고 견뎌야 하는 것을 내게 주어진 사명이라 생각하며 묵묵히 하루를 살아 냈다. 가족이라는 이름 아래 아내로, 엄마로, 남편은 남편대로 아들들에게 할 말이 많았다.

어떤 부모가 아들들의 현재에 만족할 수 있을까?

직업이든, 학업 성적이든, 겉모습이든, 신앙생활이든. 무엇 하나, 기도 제목이 아닌 것이 없었다. 아롱다롱이라고 세 아들은 어쩜 그렇게 다른지. 나는 나대로 나의 나쁜 점들을 꼭 닮은 아들들 보기가 미안했다. 남편 또한 자기와 똑같이 생기고, 똑같이 행동하는 아들이 있어 유독 더 잔소리하고 관여를 하고 화를 내고, 또 후회했다. 우리에게 맡겨진 자녀들이니 감당하고 견뎌야 한다고 생각했다.

하나님을 믿는 자녀들에게는 함께해야 하는 교인들이 있다. 한 달 동안 예배 오시는 성도들을 반갑게 맞이하며 주보를 나누어 주어야 하는 안내 위원이었다. 한 분 한 분, 모두 소중한 하나님의 자녀란 것이 새삼스레 다가왔다. 이름을 아는 아이들은 이름을 부르며 안아 주고 새로운 아이들은 이름을 물어보며 안아 주고. 오랜 시간 아무리 노력해도 "너 미워 죽겠어" 하며 바라보는 집사님에게도 최선을 다해 웃으며 "집사님, 사랑하고 축복합니다" 하고 말하며 감당했다.

나에게도 그런 사람들이 없을까?

교회 일을 하다 보면 생각이 다르다고, 나와 맞지 않는다고 감정 소비를 얼마나 했던가. 하지만, 그 또한 지나간 과거일 뿐이었다. 지난 시간을 감당해 냈기에.

월 2023-10-02

어느 가을날

한 하늘 아래 제각기 다른 풍경의 가을이 다가오고 있다. 내가 살던 고향 땅의 가을은 어른이 되어서 본 가을은 수채화 같은 것이었다고 기억하려 한다. 어렴풋이 기억나는 내 기억의 가을을 굳이 어두운 색으로 표현하고 싶지 않기 때문이다. 생각을 곱씹어 본다면 기억도 나겠지만, 뭐하러 싶었다.

9월이 어떻게 이렇게 빨리 지나갔을까?

네 번의 주말을 순식간에 도둑맞은 기분이었다. 이런 기분은 지금보다 시간이 갈수록 더 할 텐데 어찌해야 할지 고민스러웠다. 1988년 9월에 가을은 분명 아름다웠다. 그때는 미세먼지라는 것도 없었고, 그 가을엔 우리의 사랑이 결실이 되어 결혼식을 올리는 달이었으니 분명 아름다웠을 것이다. 그리고 35번의 각기 다른 아름다운 9월의 가을을 보냈을 것이다. 얼마 전 우리 부부는 35번째 맞이하는 결혼 기념일을 보냈다.

해마다 다른 이벤트로 나를 행복하게 해 주는 남편이었기에, 은혼식을 맞이했으니 얼마나 나를 감동시킬까를 꿈꾸었다면 철없는 아내일까 싶었다. 그날은 마침 주일이기도 하여 마음껏 부풀어 있었던 것 같다.

그리고 기대 그 이상이었다. 큰아들이 예약해 준 근사한 식당에서 저녁을 먹고 아주 작은 보석이 알알이 박힌 십자가 목걸이를 선물 받았다. 남편의 성정으로 보아 그것이 그리 비싸지 않을 것을 확신하지만 마음이 중요하니까. 그것보다, 지난날 참아 주고 견뎌 내 주어 고맙다고 지금보다 더 잘할 테니까 이후에 우리 노후 잘 견뎌 내 보자는 그 고백이 더 가슴에 와닿았다.

생각해 보면 고생이라면 남편이 더했겠지, 이민생활 26년, 간증할 것이 너무 많다. 어렵기만 했던 서울 삶을 정리하고 이민을 오고, 두렵고 떨리는 마음으로 살았던 이민 초기였다. 난생처음 하나님의 자녀들을 만나 갓난아기로 다시 태어난 우리 가정, 만나는 사람들로 인한 어려움과 물질적인 어려움을 이기게 하시고, 자녀를 하나에서 셋으로 늘려 주시고 감당할 수 있는 시련만 주셔서 넘어져도 다시 일어날 수 있었다. 주신 직분을 잘 감당하게 늘 지켜 주신 주님이 계셨기에 지금 이 시간이 행복하다고 고백한다.

작은 궁전을 허락하시고, 아직 일할 수 있는 건강을 주시고, 하나님 나라를 위해 한 곳을 바라볼 수 있게 하시고. 이 모든 것이 은혜임을 고백하게 하는 결혼 35주년이 되게 하신 주님께 찬양과 경배를 올려 드린다.

월 2023-10-09

바뀌어 가는 것들

푸릇푸릇하던 것들이 색이 바래서 흐릿해져 가는 요즘이다. 그런 풍경이 내 마음을 건드려 그 모습에 반해 시간을 보내 보았다. 표현할 수 없는 색감들이 탄성을 넘어 이 모든 것에 주인이신 하나님을 부르게 했다. 아침과 저녁의 기온 차이가 크게 나는 것, 계절이 바뀌어 가는 것도 그 중 하나였다.

그 덕분에 옷차림새도 많이 바뀌었다. 자켓이나 스웨터 하나쯤은 챙기게 되고, 얼음을 넣어야만 마셨던 물도 멀리하게 되었다. 이렇게 나열한 것보다 더 많은 것이 바뀔 수도 있겠지. 이런 것쯤은 당연하다고 생각하니까.

10월 교회 행사 중 하나인 임직식이 있었다. 신임 장로 둘과 권사 한 분, 코로나 이후 처음 임직자가 세워지는 뜻깊은 감사 예배였다. 작년에 공천되었고 교인들의 투표로 택함을 받았다. 대다수의 의견으로 택하였지만, 우리는 모두 하나님의 예비하심이라 믿는다. 오랜 시간 교회를 위해 헌신한 사람들 중에서 뽑아 세우는 것이니까. 사실 교회는 작은 숫자의 헌신적인 사람들로 인해 유지된다는 것쯤은 우리 모두 아는 사실이다.

사람은 바뀌지 않는다고들 한다. 그만큼 어려운 일이라고 생각하는 것이겠지. 하지만, 하나님을 만나 회심하면 상황이 달라지는 것을 많이 본다. 당장 내 앞에 있는 내 남편이 그 증인이며, 내가 증거된 사람이다. 세상 것에 마음을 빼앗기며 살았던 우리 부부가 이처럼 놀라운 고백을 할 수 있는 것은 하나님께 속한 사람이 되어서이다.

그런 신앙고백 이후에 바뀌는 것은 참으로 많다. 보내는 시간이 달라지고, 추구하는 것이 달라지고, 바라보는 곳이 달라지고, 사귀는 친구들이 달라지고, 가장 귀한 것은 다른 사람들을 사랑하는 마음으로 본다는 것이 아닐까 생각한다.

이번에 받은 임직자들이 하나님의 첫사랑을 잊지 않기를 기도한다. 이제 내 할 일 다했다고 생각지 않기를 기도한다. 어제보다 더 부지런하길, 어제보다 더 예배를 사모하길 기도한다. 그렇게 세워진 그들을 바라보며 믿음이 연약한 성도들에게 본이 되기를 기도한다. 그들로 인해 그의 가정이 변하고, 하는 비즈니스의 마음이 바뀌고, 그들로 인해 그 주변의 사람들에게 영향력을 끼칠 수 있는 사람들이 되기를 기도한다.

월 2023-10-16

기대하며 기다리는 시간

　오랜만에 단비가 내렸다. 비를 기다린 것은 아니었지만. 가을비가 반가웠다. 모든 마음은 지금의 내 생각에서 나오는 것을 알기에 무엇이든 반가운 건 아니었을까 생각했다.

　조금 가까이 이사를 온 큰아들이 손녀를 보여 주기 위해 두어 달에 한 번. 충분하진 않지만 그래도 아니 그렇게라도 와 주어서 감사하다. 둘째 아들이 생일이라서 오는 것이기는 하지만 이래저래 할머니는 그날을 기다리며 보고 싶은 마음을 달랜다. 예전에 어르신들이 "손녀는 자식보다 더 예뻐"라고 하실 때는 실감하지 못했는데, 요즘에는 완벽히 실감한다.

　그 기다리는 동안 손녀를 위해 큰 선물 하나를 준비하게 되었다. 그것은 누구나 어린 시절에 좋아하는 상자로 그 아이 만에 집(아지트)을 만들려는 계획이었다. 할머니가 직접 만드는 종이상자 집이라.

　어때요, 대단하지 않나요?

　내 계획을 들은 남편은 세희가 너무 좋아하겠다고 말했다. 그렇게 생각을 하고 남편에게 큰 상자를 구해달라고 부탁했다. 그리고 다른 사람들이 만드는 동영상을 보며 상자를 자르고, 지붕을 만들어 테이프로 붙이며 문을 만들고, 창문을 만들고, 색을 칠하고, 색종이를 이용해 알록달록 붙이며 꼬박 일주일을 조금씩 조금씩 완성해 갔다.

　손녀가 오는 금요일 오후에 남편이 트럭에 실어 집으로 옮겨 놓았다. 아이의 반응은 어떨지 궁금해하면서 말이다. 하지만, 내가 집에 도착하기 전에 아들이 이미 도착했고 좋아했다고는 하는데 그 표정을 못 본 것이 아쉬움으로 남았다. 다행히 큰아들이 더 좋아하며 "어머니 너무 잘 만드셨어요, 감사합니다"라고 말했다.

아들이 그렇게 말해 주니까 서운한 마음이 없어지는 것은 아들에게 칭찬을 들어서가 아닐까?
만드는 중간중간 남편도 너무 잘 만든다고 하고, 손님들도 나와 같이 좋아하며 잘 만들었다고 칭찬을 아끼지 않았던 것이 사실이다.
"할머니가 최고!"
세희는 이렇게 말하며 대단하다고 했다고 한다.
그렇게 만난 손녀는 "세희야" 하며 손을 펼치니 달려와 안겼다.
이 행복이라니!
다음날, 아이 머리를 손질하고 장을 보고 돌아와 둘째 아들 생일 파티 음식을 준비했다. 생일인 사람이 무엇을 먹고 싶다고 하면 그 메뉴로 상을 차리는 것이 우리 집의 방식이다. 아들은 족발, 곱창전골을 주문했고, 내가 아이와 놀며 음식을 만드는 동안 남편과 세 아들들은 둘째를 위해 남자들의 로망이라나 뭐라나 하면서 그렇게 시간을 보내다 식탁 세팅까지 끝내고 나니 들어왔다.
먼저 케이크에 불을 켜고 생일 축하 노래를 해 주고 선물도 주고, 축복 기도도 해 주었다. 족발도 맛있고 오늘은 특히 곱창전골이 너무 맛있다고 이야기해 주니 만드는 동안 힘들었던 것은 다 잊었다.
그래서 이렇게 말했다.
"그래, 고마워 많이 먹어라."
식사 후에는 둘째 아들의 제안으로 아이스크림을 먹으러 나왔다. 어두워지기 전에 얼른 오기 위해 설거지는 나중으로 미뤄 놓고 동네 주민들을 위해 만들어 놓은 잔디밭, 그네, 분수대가 있는 그곳에서 세희는 맨발로 잔디밭을 뛰놀았고, 손에 손에 아이스크림을 들고 즐거운 시간을 보냈다. 설거지는 당연히 막내 차지였다. 그리고 손녀를 샤워시키고 재우기 위해 방으로 들어갔다.

다음날, 주일 아침. 늘 그렇듯 우리는 아침 일찍 1부 성가대 연습을 위해 교회로 출발했다. 그리고 그 후 10시 예배에 오면 세희를 안고 오가는 교인들에게 세희를 인사시켰다. 먼저 집으로 와 큰아들이 가기 전에 한 끼라도 더 먹이고 싶어 식사를 차렸다.

가야 할 시간이 되어, 그동안 반찬 할 때 조금씩 덜어 얼려 놓았던 것들을 아이스박스에 담아 주고 새로 담근 김치 한 통을 차에 실어 주었다. 손녀 물건 빠진 것 없나 챙겨 주며 2박 3일간에 만남을 마무리했다.

"세희 보여 주러 와 줘서 고맙다"

"어머니 맛있는 거 많이 해줘서 고맙고, 세희 집 만들어 주셔서 감사합니다."

"그래 조심해서 잘 가. 도착하면 연락해 주고. 세희 빠이.
블루키스(손녀가 입에 손을 대었다가 할머니에게 불어 주는 것) 쪽!
잘 가, 다음 달 세희 생일에 보자."

화 2023-10-24

더 좋은 모습으로 변화되길 …

　이른 새벽, 아직 어두운 길을 달렸다. 잠이 덜 깬 눈으로 거리를 바라보니 어디론가 목적지를 향해 끊임없이 달려가는 차들의 불빛이 바빠 보였다. 날이 밝아 쌩쌩 달리는 도로 주변엔 온통 가을의 그림이 그려져 있었다. 그런 가을을 바라보며 남편과 쉼 없이 이야기를 주고받았다. 우리는 토요일 하루 먼 곳으로 드라이브를 갔었다.
　"남편, 요즘 내가 당신을 위해 어떤 기도를 하는지 아십니까?"
　"글쎄요."
　"지금부터 하는 내 말은 내 입을 빌려 하나님이 당신에게 하는 말이라고 생각하고 들어주길 바라요. 지난주 주일 예배 중에 우연히 당신을 보게 되었어. 당신도 알다시피 나는 예배 시간에 목사님이 하시는 말씀에 일일이 반응하며 아멘으로 화답하다 보니 다른 사람 예배드리는 모습에 관심을 둘 수가 없었잖아요.
　그런데 어쩌다 멀리서 (나는 성가대 자리에 앉아 있었다) 당신 모습을 보는데, 정말 슬펐어. 그 이유는 당신이 말씀을 듣는데 수긍하며 듣는 게 아니라, 뭐랄까 눈에 힘을 잔뜩 주고는 목사님을 쏘아보며 말씀에 틀린 부분을 찾기 위한, 그런 모습으로 내게 보였어.
　당신은 그렇게 안 했을 텐데, 내게 그리 보였으니 말을 꼭 전하고 싶었어. 당신이 그럴 수밖에 없는 사정도 잘 알지요. 청빙 위원장으로서 마음의 부담감을 느끼고 있다는 것을요. 목사님이 말씀을 잘 전해 성도들에게 좋은 영향력을 주기를 원한다는 거 왜 모르겠어. 하지만, 자기야. 목사님을 좀 더 사랑의 눈으로 그리고 말씀을 하나님이 당신에게 주시는 것으로만 받아들인다면 목사님도 더 힘을 내실 것이라 믿어."

한참을 내 이야기를 듣던 남편은 이렇게 대답했다.

"내 모습이 그랬단 말이지, 몰랐네. 말해줘서 고마워 이 말을 해 주려고 며칠을 기도했겠네. 예배 때 신경 써서 표정 관리할게."

이런 이야기도 남편이니까 할 수 있는 말 아닐까?

남에게는 말할 수 없는 부분이 아닌가 싶었다. 그다음 날, 성가대 찬양 시간 강대상에 올라가 멀리 있는 남편을 바라보며 스마일 입 모양을 그려 보였다. 그래서인지 예배드리는 남편의 모습이 평안해 보이며 목사님 말씀에 고개도 끄덕이며 반응하는 모습을 보았다.

"하나님, 감사합니다!

남편의 마음이 평안할 수 있도록 지켜 주옵소서!"

그렇다, 우리는 우리의 모습을 잘 모른다. 어떤 모습으로 예배드리는지, 어떤 표정으로 사람을 바라보는지, 어떤 표정으로 내 얼굴에 책임지는지 모르고 살아간다. 하지만, 기쁨으로 예배드리고 기쁨으로 사람을 대하며, 기쁨으로 세상을 바라본다면 아마 우리의 얼굴은 늘 웃음으로 가득할 것이라는 확신이 있다. 오늘보다 내일, 내 모습이 하나님이 기뻐하시는 모습으로 더 변화되기를 기대한다.

화 2023-10-31

그곳은 여전히 아름답다

함께 동행한 집사님들에게 이렇게 물었다.
"집사님들, 우리가 보고 있는 이 아름다운 단풍들 너무 예쁘지 않아요? '아름다워' 이런 단어 말고 다른 표현이 있을까요?"
그러자 집사님들은 이렇게 대답했다.
"없을 것 같은데요, 표현할 수 있는 단어는 한계가 있으니까요."
어제 1부 예배를 마치고 마음 맞는 몇몇 교인들과 계획했던 단풍 구경을 다녀왔다. 집에서 두 시간 반 정도 운전해서 가는 동안 내내 도로변에 있는 나무들의 아름다운 단풍을 보며 연신 환호성을 터트렸다. 도착한 산의 풍경은 그야말로 굉장했다.

이곳 노스캐롤라이나 블루리지산맥(North Carolina Blue Ridge Mountain)은 아름다운 단풍을 볼 수 있는 곳 5위에 속해 있을 만큼 유명한 곳이었다. 어느새 이곳에 산 지 15년, 해마다 이맘때쯤이면 엉덩이를 들썩이며 산을 다녔다. 어떤 때는 너무 일찍 가서 물들지 않은 나뭇잎을 보며 실망하고, 또 어떨 때는 너무 늦게 가서 달랑 몇 잎 붙어 있는 단풍을 보곤 했었다. 그런데 이번 산행은, 말로 다 표현할 수 없는 아름다움이었다. 사람의 말은 표현의 한계가 있음을 다시 절실하게 깨닫는 계기가 되었다.

이날이 단풍 보기에 가장 좋은 날이었는지 차들도 오토바이들도 어찌나 많던지. 좋은 것 보려는 마음은 동서를 막론하고 같다는 사실을 다시한번 알게 되었다. 어느 각도에서 보느냐에 따라 다르고 산 정상인지, 중턱인지, 호수가 근처인지에 따라 그 아름다움이 모두 달랐다. 정말 눈에 담아 오기는 했지만 말로 표현할 수 없음이 안타깝기만 하다.

정상 벤치에서 가을 햇살을 온몸으로 받으며 점심으로 준비해 온 샌드위치를 먹는 중에 찬송이 저절로 나왔다.

"아, 정말 좋다."

"너무 행복하다."

눈으로 보고 사진으로 추억을 저장해 보았다가 함께한 집사님들도 어찌나 좋아하시던지 나에게 감사해하셨다.

"에고, 진희 집사님 아니면 이런 멋진 곳 못 보았을 텐데요, 정말 고마워요."

일찍 서둘러서인지 집에 도착했는데 아직 해가 중천이었다. 아들들은 당연히 집에 없었다. 다 큰 어른들이 되니 함께할 수 있는 것들이 점점 어려워진다. 그래서 아쉬움도 더 큰 것 같다.

그래도 주중 하루는 함께 식사하려고 노력한다고 하니 그나마 다행이라고 해야 할까?

내일을 위해 일찍 잠자리에 들며 오늘 하루를 생각하며 기도했다.

"알찬 하루하루를 살게 하여 주시고, 아름다운 주일을 허락하신 주님! 감사합니다!"

보고 온 그곳, 바빠 살다 보면 어느새 잊고 지내겠지만, 함께 추억을 이야기할 수 있는 집사님들을 붙여 주심을 감사했다. 사랑의 교제를 통해 서로를 더 많이 알아 함께 기도하는 사이가 되기를 소원한다. 기대하며 기도하며 하나님의 인도하심을 기다리는 성도가 되기를 간절히 기도한다.

화 2023-11-07

늘 힘이 넘치는…

10월의 마지막 밤을 보내고 난 후, 11월의 첫 공식 행사는 나에게 찾아온 손녀가 어느새 두 번째 생일을 맞이하여 파티를 위한 음식 장만과 오랜만에 집에 와 잠을 자고 가는 며느리를 위한 잠자리와 대청소였다. 장남인 큰아들은 한 달에 한 번은 손녀와 이틀씩 자고 가지만 귀한 며느님은 그날은 공식적인 휴가라고 했다. 아무튼 며느리는 고기를 안 먹으니 그 아이 음식 따로, 우리 음식 따로 해야 했다.

그보다 먼저 손녀의 생일 파티를 준비하기 위해 금요일 저녁에 파티랜드라는 곳에 다녀왔다. 그곳에서 생일 장식을 위한 풍선도 사고, 벽에 붙이는 이것저것을 사 왔다. 토요일, 아이들이 오기 전에 해야 할 일이 너무 많아 마음부터 바빴다. 들어오는 입구에 있는 식탁에 테이블을 깔고 삼촌들과 세희의 생일을 기억하고 준비해 주신 집사님들의 선물 꾸러미들을 놓았다.

벽에는 'Happy Birthday' 현수막을 걸고 장식들을 달고, 형형색색의 풍선들을 달아 나름 그럴듯하게 꾸며 놓고 음식을 시작했다. 며느리가 좋아하는 골뱅이무침, 잡채, 고기 안 넣은 미역국, 아들들이 좋아하는 수육과 무생채, 갈비, 물냉면(며느리가 좋아한다고 남편이 손수 준비했다)까지 상에 올렸다.

세 시간 운전해서 온 아들과 며느리, 손녀는 생일 장식을 보고는 너무 좋아했다. '이 맛에 준비하는 거지' 하는 생각이 절로 들었다. 저녁 먹을 시간까지 아직 시간이 남은 것을 알아 미리 준비해 둔 호떡 반죽을 꺼냈다. 호떡을 구워 큰아들에게 주니 너무 맛있다며 큰 거 하나를 먹고, 하나는 들고 이층 방으로 올라간다. 두 번째 아이를 임신하느라 잠이 쏟아

진다고 누운 며느리에게 주려나 보다. 식구가 다 모였다. 작은 여자아이 하나로 인해 집안은 즐거움으로 웃음이 끊이지 않았다.

케이크에 불을 붙이고 생일 축하 노래를 불렀다.

"생일 축하합니다, 생일 축하합니다!
사랑하는 우리 세희, 생일 축하합니다! 짝짝짝"

영문을 모르는 세희는 마냥 행복한 웃음을 지어 보였다. 내가 준비한 생일 드레스와 공주 헤어핀이 세희에게 너무 잘 어울렸다. 아직 자기표현과 말을 잘 못하는 세희지만 너무 행복해 보였다. 오랜만에 가족사진을 찍고, 준비한 음식 앞에 모두 앉았다. 남편의 식사 기도가 끝나자 모두 맛있게 먹었다. 손녀도 미역국에 밥을 말아 잘도 떠먹었다. 그래도 설거지는 자기가 하겠다고 팔을 걷어붙이고 나서는 며느리였다. 예전보다는 얼굴이 많이 편안해 보였다. 그렇게 밤이 흘러갔다.

샤워를 시키고 재우고, 주일에 세희를 준비시키고 교회에 갔다. 어른 예배 자리에 세희와 나란히 앉아 예배를 잘 드렸다. 아들들은 2부 예배를 드리고 집으로 돌아와 점심을 먹은 후 그들이 사는 곳으로 갈 것이었다. 가고 나면 조금 허전하겠지만, 또 만날 날은 서로 알기에 "잘 지내고 다음 달에 만나" 하며 애틋한 마음으로 인사를 나누며 작별했다.

짧은 만남이었다. 그 만남을 통해 오래 기억될 추억의 한 페이지를 만들었다. 내가 늘 간절히 바라는 그것, "하나님이 보시기에 아름다운 가정이 되기를" 오늘도 기도한다.

화 2023-11-14

그 상처 누가 주는 것일까?

2023년 11월 10일, '오늘의 날씨는 강한 폭우, 하루 종일 비'라고 했다. 이미 겨울은 저만치 가고 있는데, 시간을 재촉하는 듯한 비는 자주 내리는 것 같았다. 몇 주 후면 한 장 남은 달력과 대면해야 하는 이 시점에 비까지 내리니, 마음이 좀 그랬다.

왜 우리들 마음은 날씨에 이렇듯 흔들릴까?

이 비도 우리에게 꼭 필요한 것일 텐데 말이다. 저 멀리 보이는 단풍나무가 쓸쓸함을 더해 주었다. 어쩌면, 날씨와는 상관없이 몇 주 전에 있었던 사건으로 인해 무거워진 마음 때문인지도 몰랐다. 그날도 일찍 서두른다고 서둘렀는데도 주일 아침은 마음부터 바빠지니, 몸도 당연히 서두르게 되었다. 교회에 가져다 놓아야 할 것이 있어, 박스 하나를 가슴에 안고 교회에 들어와 입구 쪽에 내려놓으니 먼저 와서 주보를 나누어 주시던 집사님께서 이렇게 물으셨다.

"사무실에 들여놓으면 될까요?"

나는 이렇게 대답했다.

"아니요. 조금 있다가 쓸 거라서요, 조금 있다가 제가 가져갈게요!"

그렇게 말한 후에 예배당에 들어가 기도하고 나왔는데, 그 집사님이 먼 곳을 바라보며 울고 계셨다. 얼마나 놀라고 당황스러웠던지.

"집사님 왜 그러세요?
떨어지는 낙엽이 슬퍼 보이세요?
와, 우리 집사님, 로맨틱하시다!"

왜 그러시는지 다시 물으니 이렇게 말씀하셨다.

"진희 집사님 때문에 내 마음이 서러워져서 눈물이 나는 거예요. 나는 힘들게, 들고 오는 것을 보며 무언가 도움이 되고 싶다는 생각에 도와주려고 말한 건데 집사님 대답은 도움도 안 되는 듯이 말씀하셨잖아요."

"네? 저, 그런 뜻으로 말씀드리지 않았는데요."

나는 그런 뜻으로 말씀드린 것이 아니라고 해명했지만, 어찌 되었든 나이도 나보다 많으신 분인데, 어린 나 때문에 서러움으로 눈물을 흘렸다니 당황스럽고, 어찌할 바를 몰랐다.

"제가 잘못했으니 용서하세요. 아무 생각 없이 한 말인걸요. 조금 있으면 많은 교인이 들어올 텐데, 마음 푸시고, 용서해 주세요."

나는 무조건 내가 잘못했다며 머리를 조아리고, 사과를 거듭해야만 했다. 나도 조금 억울하다고 생각했지만 예배가 중요하니까. 1, 2부 예배가 다 끝나고, 뒷정리를 한 후, 집으로 오는 길에 남편에게 아침에 있었던 일을 이야기했다.

"자기야!
조금 있다가 쓸 거니까, 그냥 두라는 말이 상처가 될 수 있을까?
예배를 드리면서, 기도했지만 마음이 편치 않았고, 지금도 마음 한편이 답답해 내 속마음을 까뒤집어 보일 수도 없는데, 내가 오히려 상처가 될 것 같아서 우울해지려고 해"

"그 상처 누가 주는 것 같아?
더 깊게 생각하지 않는 것이 이기는 것이고 잊을 수 있으면, 잊는 게 좋겠지, 생각해 봤자 좋을 것 없으니까."

물론, 남편이 하는 말이 맞다는 것은 알지만, 내 의지가 아닌 일로 인해 이렇게 어수선한 마음이 된다는 것이 슬플 따름이었다.

이 나이가 되어서도 이렇게 속이 좁을 수 있을까?

하나님께서 나에게 더 생각하고 말하라는 메시지로 들으면 될 것을, 쯧쯧쯧.

화 2023-11-21

여행 3일째!

　토요일 이른 아침에 출발한 이번 여행은 결혼 35주년을 기념하는 행사로 계획되었다. 작년 이맘때 눈을 보기 위해 왔던 캐나다 퀘벡이 너무 좋았던 추억으로 마음에 저장되었기에 이번 여행도 캐나다로 정했다. 순전히 눈을 보기 위해 시작된 계획이었다.
　차를 가지고 여유로운 마음으로 떠나고자 계획한 여행!
　9박 10일의 긴 여정이라 챙길 것이 너무 많아 마음도 바빴다. 정해 놓은 여행 계획으로 인해 행복하고 바쁜 시간을 보냈다.
　토요일 아침, 랄리에 사는 큰아들 내외와 손녀를 만나 아침 식사를 하고 메릴랜드를 지나고 워싱턴을 거쳐 펜실베니아 알렌타운에서 여행 첫날 밤을 보냈다. 다음날, 펜실베니아 476번 북쪽 도로를 지나고, 리하이 벨리를 지나 카본 카운티, 80번 서쪽 도로를 지나 버펄로를 통과했다.
　캐나다로 진입하여 나이아가라 폭포에서 보는 즐거움을 마음껏 누릴 것이다. 미국에서 보았던 나이아가라 폭포와는 조금 다르다는 남편의 설명에 고개만 끄덕였다. 너무 오래전 기억이라 지금 내 눈에 보이는 것이 전부였다.
　오늘 3일째 되는 날 토론토에 사는 조카 안나를 만나러 가는 길이었다. 어느새, 서른아홉 살이 된 안나는 브라질에 사시는 큰언니의 막내딸이다. 자녀가 없으신 고모네의 배려로 고등학교와 대학을 이곳 캐나다에서 다녔다. 졸업하고 직장을 다니며 혼자만의 자유를 만끽하며 잘 살고 있다고 한다. 10여 년 전 우리 집을 다녀갔으니, 오랜만에 만나는 것이었다.
　'오늘 그 아이를 만나면, 복음을 전해야 할 텐데.'

하나님이 내 입술을 주장해 주시기를 기대한다. 이곳에 큰 사우나, 찜질방이 있다고 하여 그곳 로비에서 만나기로 했다. 이모, 이모부가 여행길이니 피로를 풀라는 나이 든 조카의 배려가 고마웠다.

중국 사람이 80퍼센트나 산다는 동네이니 찜질방 주인도 중국 사람이다. 그러니 우리가 기대했던 그리고 내가 알고 있는 그런 찜질방은 아니었다. 시설은 잘 되어 있을지는 모르겠지만, 나는 '아니다' 싶었다. 작지만 고급스러운 아파트, 깨끗하고 아담했다. 창가에 크고 작은 화분들이 즐비했다. 나와 같은 취미를 가지고 있어 나눌 이야기가 많았다. 함께 맛있는 명동칼국수를 배불리 먹고 아쉬움을 뒤로하며 다음 행선지로 길을 나섰다.

이곳 토론토는 무척 추운데 아직 첫눈이 오지 않았다고 한다. 우리는 눈을 찾아 북쪽으로 온타리오, 단풍의 천국 오타와로 방향을 잡았다. 이미 단풍은 볼 수 없으나 그곳도 보통 영하 3도 안팎이니 눈을 만날 것이라 믿었기 때문이었다. 해가 일찍 저무는 곳이니 오후 4시 정도인데 밖이 너무 어두웠다. 그 어두운 가운데 눈발이 조금씩 날리기 시작하더니 어느새 함박눈이 달리는 차 유리창을 때렸다.

월 2023-11-27

캐나다 여행 이야기

캐나다의 수도 오타와까지 오는 길은 진눈깨비가 내려 초행길을 가는 여행객으로서는 긴장되는 밤이었다. 마침내 예약한 호텔에 다다라서야 긴장이 풀어지는 경험을 했다. 출발할 때 기도한 것처럼 우린 손을 맞잡고 감사기도를 드렸다. 그 후로 눈은 오지 않았는지 아침에 눈을 떠 밖을 보니 눈이 조금 지천에 보일 뿐이었다.

생각했던 것보다 그리 춥지는 않았다, 질퍽거리는 길을 걸어 캐나다 국회의사당 건물 투어를 하기 시작했다. 입이 떡 벌어질 만큼 웅장했다. 그린 컬러의 고풍스러움과 견고함이 너무 아름답다. 남는 건 사진밖에 없다고 했으니 열심히 추억을 남겼다.

여행 4일째 아침, 다시 길을 나섰다. 퀘벡, 작년 이맘때 비행기를 이용해서 여행했던 곳을 우리 차로 다시 가는 길은 반갑기만 했다. 작년에는 눈이 펑펑 내려서 너무 멋졌었는데, 눈 소식이 없어 좀 아쉬웠다. 그래도 길가에는 언제 내렸을지 모를 눈이 쌓여 있다. 여전히 사람은 많고, 즐비한 상점들은 크리스마스 선물들로 가득하다. 작년에 와 보았다고 느긋함과 여유로움이 있어 좋았다.

다음날, 여행 5일째 퀘벡에서 출발하여 웰컴 미국 사인판, 즉 경계선인 메인주에 들어섰다. '오고 가는 차가 전혀 없어서 여기가 맞나' 하는 생각이 들 때에야 차단된 도로가 나왔다. 반갑게 맞아 주는 나이 든 백인 아저씨. 친절은 사람을 기쁘게 한다. 단풍나무가 아닌 소나무로만 가로수인 그 길, 끝없이 펼쳐진 소나무 위에 눈꽃이 아름답다. 너무 멋져 길가에 차를 세워 놓고 설국을 사진에 담았다. 다시 어두워진 길을 뚫고 도착한 메인주, 포틀랜드. 멀리서 들리는 파도 소리를 들으며 잠을 청한다.

6일째 아침, 눈비로 더러워진 차를 자동 세차했다. 깨끗해진 차 덕분에 기분까지 새롭다. 떠날 때 많았던 짐들이 날이 갈수록 줄어드는 것이 확연하게 보인다. 라면 종류들도, 햇반, 과일들, 물, 과자 종류, 걸려 있었던 옷들도 바닥에 놓이면서 여행의 날들이 줄어드는 아쉬움을 느낀다. 예전에 큰아들이 살았던 보스턴에서 식사다운 식사를 했다. 길가에 주차비를 지불하며 먹었던 식사. 남편은 도가니탕, 나는 육개장을 맛있게 먹었다.
　다음 코스는 미국 최대 아울렛 몰, 우드버리에 가기로 했다. 없는 것이 없다는 명품 매장들, 쇼핑을 그리 좋아하지는 않지만, 기회가 주어졌으니 가봐야지. 세계에서 블랙 프라이데이를 기다렸다가 이곳에서 쇼핑을 한다더니, 깜짝 놀랐다.
　사람이 얼마나 많은지, 큰 여행 가방을 끌고 다니며 유명한 브랜드 상점들 앞에는 길게 줄을 서 기다리다가 들어가기도 한다. 밤이 되니 뉴욕의 찬바람이 장난이 아니다. 이렇게 추운데 줄을 서서 쇼핑하는 사람들이 대단해 보인다.
　필요한 것도 없고, 사고 싶은 것도 없고, 세희 옷이나 살까 하다가 줄서는 것이 싫어 일찍이 호텔에 들어가 아까 보스턴에서 사 온 생소라와 야채 초고추장에 라면 하나 끓여 맛있게 먹고 하루를 마감했다. 토요일 아침, 호텔에서 주는 아침을 간단히 요기하고 버지니아로 출발했다. 그곳 사우나에서 여행의 여독을 풀고 집으로 향했다.

주일 새벽 1시 30분, 드디어 긴 여행을 마치고 집에 도착하니 두 아들이 우리를 맞이했다. 오랜만에 만나니 너무 반갑고, 고맙고, 여행을 무사히 마치고 돌아올 수 있게 지켜 주신 주님께 감사기도를 드렸다.
 뭐니뭐니 해도 "우리 집이 제일 편하다"를 외치며 잠자리에 들었다. 우리가 여행한 곳은 미국의 다섯 개 주와 캐나다의 네 개 주이며 도로를 운행한 길이는 2,850마일이며 킬로는 4,586.63킬로미터였다.

월 2023-12-04

일에 차이

겨울답지 않은 이곳 날씨, 오늘은 무려 75도가 넘었다. 긴 여행을 마치고 돌아오니 우리는 각자에게 맡겨진 일들을 처리해야만 했다. 나야, 내 가게에 밀린 바느질과 그 뒷정리 정도겠지만 남편은 걱정이 앞섰다. 주일 예배 후에 잠깐 공장을 들러 보았는데 네 개의 가게에서 가져다 놓은 옷들이 거의 산을 이루고 있었다. 오랜 경험으로 "이 정도 그까짓 거" 하며 걱정하는 나를 안심시켰지만, 하루에 일하는 양은 정해져 있으니, 며칠은 고생해야 할 듯했다.

오후 3시쯤 오던 배달이 거의 5시에야 오는 것을 보니 얼마나 바쁘고 힘든지 짐작하고도 남는다. 이렇게 사나흘 지날 때쯤 남편이 병이 나기 시작했다. 지난달부터 저녁이면 왼쪽 발목이 붓기 시작해 병원에 갔더니 X-레이를 찍어 보고는 별일 아니라며 약을 처방해 먹고 바르기도 했지만 별로 나아지지 않았다.

여행을 가야 하나 말아야 하나 저녁마다 남편과 이야기했었지만, 정해진 여행은 미룰 수 없어서 다녀왔다. 다녀와서는 일의 양이 많아서이기도 하지만, 아픈 다리를 안 쓰려고 다른 발에 힘을 더 많이 주어서인지 다른 발, 오른쪽 무릎이 부어오르기 시작했다.

걱정하는 나에 비해 늘 담담하던 남편도 걱정이 되는지 손수 정형외과를 찾아 응급으로 방문했지만, 또 외관상에는 이상이 없으니 MRI를 찍어 보자고 했다. 또 얼마를 기다려야 할지 본인은 당장 아프고, 불편할 텐데 이 미국 의료 시스템은 정말 답답하기만 하다.

별의별 생각이 다 드는 가운데, 저녁이면 다리가 더 붓고 땡겨지는 느낌 때문에 남편은 잠도 설치곤 했다. 그래도 다음날 또 일을 해야 하니 안타까운 마음에 몇 년 전 다녔던 침 놓는 곳에 예약했더니 다행히 월요일 오후에 오라고 했다. 보는 내가 더 마음이 안쓰러웠는데 침이라도 맞으면 나으려나 기대해 보았다.
　의사에게 연락 없이 주말이 왔다. 금요일 저녁에는 몸도 마음도 지친 남편을 보니 여러 생각에 쉽게 잠들지 못했다. 그래도 토요일에는 아들들이 가게를 봐 주어 냉찜질하고 안마하며 휴식을 취할 수 있어 감사했다.
　아픈 사람과 머리 맞대고 있으려니 답답하여 김치를 담기로 했다. 배추 25포기, 무 20개, 대파. 절이고, 속 만들고 하루가 걸렸다. 다음날, 씻어서 물을 빼고 속을 넣어 김치냉장고를 가득 채우는 동안 남편은 얼음찜질하며 휴식 시간을 가졌다. 엎친 데 덮친다고 몸살까지 왔는지 열나고 춥다고 한다.
　"어쩐대요, 하나님!"
　중보기도팀들과 또 내가 하나님께 기도하고 있으니 곧 나으리라 믿는다.

화 2023-12-12

삼한사온

　동북아시아 지역의 특징적인 기후 현상 '삼한사온'은 보통 3일은 춥고 4일은 따뜻한 현상을 말한다. 예전에는 잘 몰랐는데, 요즘 이곳 날씨가 딱 그렇다. 여기가 아시아가 아닌데도 말이다. 비가 오기 며칠 전까지 반팔을 입을 날씨였지만, 오늘 온도가 뚝 떨어져 잔디가 있는 곳에는 서리가 앉은 것을 보았다. 아직 이틀은 더 추울 것 같다. 그 후로 또 따뜻해질 것이고.

　우리가 사는 인생의 시간도 그렇게 흘러가는 것을 본다. 별일 없이 지나가나 싶으면 엉뚱한 일 혹은 큰일이 하나씩 팡팡 터지는 것을 본다. 생각지 못한 일 앞에서 우리는 간혹 '내가 뭘 잘못해서 이런 일이 생긴 건 아닐까' 하고 걱정부터 하는 것이 우리의 마음이다. 하지만, 우리 하나님께서는 우리의 잘못으로 벌을 내리는 분은 아니라고 확신한다. 큰일의 사이즈가 어떠냐가 문제겠지만, 작은 일에도 큰일이라 생각하면 큰일이 되고 큰일이지만 그 가운데서 감사를 찾는다면 작은 일이 된다.

　남편의 다리는 그 후에도 계속 아파 MRI를 찍었고 그 결과 다른 사람들에게는 없는 뼈가 발목 뒷부분에 있어서 그것이 염증을 일으켜 걸을 수도 없을 만큼 아팠던 것이라고 했다. 6주 동안 물리 치료를 받고 회복이 안 되면 수술해서 없애는 방법밖에 없다고 했다. 선교하러 가기 전에 몰랐던 병을 찾아서 다 낫고 가라는 하나님의 예비하심으로 믿고 물리 치료 중에 있다.

　곧 나을 것이라고 믿는다. 남편을 위해 기도하는 중보팀들의 응원과 교인들의 위로가 아픈 남편에게 많은 위로가 되어 편안함을 주었다. 그리고 몸이 아프신 가운데에도 물리 치료사이신 집사님께서 집으로 찾아

와서 물리 치료를 몇 시간이나 해 주시고 가셨다.
　암튼, 먼 친척보다 가까운 이웃이 낫다고 많은 위로가 되었다. 추운 날도 있지만, 따뜻한 날이 있어 추위를 이겨 나가는 것 같다. 이참에 남편의 일을 대폭 줄이기 위해 다른 가게 빨래는 안 하는 것으로 했고, 주중에 한 번은 남편을 쉬게 하는 것이 나의 목표가 되었다. 그동안 너무 많은 일을 감당해 낸 것도 문제라면 문제일 테니, 원인을 찾게 된 것도 감사한 일이라 생각하며 이 시간이 지나가길 기도한다.

화 2023-12-19

어제와 다른 오늘

    오늘도 바쁘게 몇 가지 반찬을 준비하고 숨 가쁘게 가게에 왔다. 언제쯤 이 도시락에서 벗어날 수 있을지. 즐거운 마음으로 한다고는 하지만, 힘든 건 어쩔 수 없다. 차가운 바람이 싫지 않은 느낌은, 표현할 수 없는 무거운 마음 때문이 아닐까 생각한다. 나이를 이야기하며 늙어 가는 이야기를 하며 슬퍼할 것이라고 그 누가 생각하며 살까.

    '나는 괜찮을 거야 나에게는 이런 일이 생기지 않을 거야'를 믿으며 산 시간이 후회되었다. 그래서 더 하나님과 밀접한 관계를 맺으' 이런 헛헛한 마음을 내려놓으려 설교 말씀을 듣고, 위기를 이겨 낸 신앙 간증을 들으며 시간을 보내고 있다. 정말이지 시간은 내 마음과 달리 저만치 달려가 있다. 남아 있는 날짜가 지나간 날짜보다 더 작은 것에 대한 조급함이 몰려온다. 그렇게 가고 싶었던 6주간 진행하는 선교 교육도 못 받고, 한 해가 갔다.

    그래도 위로가 되는 것은 26년 만에 한국에 다녀온 것이다. 하지만, 하룻밤의 꿈같다. 또 가고 싶다는 설렘이나 가 보고 싶은 곳이 생각나지 않아서 그럴 것이다. 4월에 가려고 계획할 때는 믿지 않으시는 시댁 식구들에게 복음을 전해야 한다는 다짐 혹은 간절함이 있었지만, 우리의 말은 빈 허공에 부딪쳐 낙심이 되었다. 더 많은 시간을 들여 기도하고 각오하고 가야 했다는 후회만 있을 뿐이다.

    그나마 정말 다행인 것은 외사촌, 그러니까 시어머님의 조카 되시는 서방님 한 가정이 간신히 하나님을 믿으려 애쓰는 모습을 보고 오게 되어 날마다 그 가정을 두고 기도하게 하신 주님께 감사 또 감사한다. 그 가정이 예쁜 모습으로 하나님을 잘 섬기며 살아 준다면, 남편의 누님,

형 그들의 자녀들이 하나님을 만날 수 있는 기회가 있을 것 같아 기대가 된다.

  12월, 그새 돌아오는 주일이 성탄절이다. 우리는 그 예배를 위해 성탄절 칸타타를 준비하고 있다. 23일 토요일 총 리허설을 할 것이다. 우리를 위해 이 세상에 오신 아기 예수님. 크리스천의 나라 이 미국 땅에는 메리 크리스마스가 점점 사라지고 해피 홀리데이라고 인사한다. 하나님이 얼마나 가슴 아파하실까. 믿는 우리들만이라도 더 크게 외치며 기뻐하고 기대하며 기다리기를 원한다.

  2024년, 우리에게 또 어떤 한 해가 펼쳐질까?

  나는 새로운 마음으로 다시 하나님 나라를 위해 애쓰는 직분을 맡게 되었다. 더 기도하라는 것으로 더 낮은 마음으로 봉사하기를 원하시는 하나님의 마음을 읽으며 자주 넘어지는 나를 그래도 붙잡아 주시는 하나님을 의지하며 새 날들을 기다려 본다.

> 화 2023-12-26

여러분의 삶은 편안하세요?

연말연시라 몸도 마음도 바쁜 나날들 보내고 계시죠?

해마다 다가오는 연말이고 새해인데 늘 우왕좌왕하는 것은 왜일까요?

고마운 분들에게 카드 하나 보내는 것이 작년보다 올해 더 힘들고, 몸이 마음보다 더 늙기 때문일 것이다. 이 사람 저 사람 생각하면 고마운 것투성이인데, 무엇을 하려고 하니 부담이 되는 이기적인 마음. 참, 부족함을 다시 한번 느낀다.

성극과 함께 칸타타 성탄절 무대를 올리려 연습했던 시간이 무색하게 그날 당일엔 목감기로 목소리가 나오지를 않아 입만 뻥끗뻥끗했다. 그래도 하나님이 기뻐 받으신 줄 믿는다.

주일학교 아이들의 귀여움, 고학년이라고 늠름하게 찬양하는 아이들, 유스(Youth) 아이들의 바디워십, 연합 성가대의 웅장함. 우리끼리의 연합일지라도 이 시간을 하나님께서 기다리셨을 것이라 믿었다. 주일은 주일대로 큰 기쁨의 예배였고, 성탄절 예배는 그 예배대로 기쁜 마음으로 드릴 수 있어서 감사했다. 아직 아픈 남편도 날이 날인지라 두 날 다 참석할 수 있게 인도하신 하나님께 감사했다.

어느새 16년을 함께한 성도들은 가까운 친척 같다. 모두에게 따뜻한 말로 응원을 보낸다. 청년부에서는 사랑해 주셔서 고맙다며 작은 선물로 우리의 마음을 따뜻하게 해 주었다. 이런 교회를 바라보시며 기뻐하실 하나님을 찬양한다. 새신자로 등록해 믿음이 자라는 모습을 보이며 뿌리가 내려지는 모습을 보여 주는 그들이 참으로 기쁘고 대견했다. 잘해 준 것 하나도 없는데, 늘 고마워하며 마음을 전해 주니 감사했다.

오랫동안 새신자팀을 담당했던 것이 나에게는 하나님이 내게 주신 축복이었음을 고백한다.
　여러분은 내년에 어떤 소원이 있나요?
　나에게는 오직 한 가지, '눈물로 기도하는 딸이 되기를' 소원한다. 모든 것에 절실히 간절하게 기도한다면 눈물이 안 날 수 없다는 것을 이번 남편이 아파 기도하면서 느낀 것이다. 하나님은 내 눈물의 기도를 기다리고 계셨다는 것을 깨우쳐 주셨다. 2024년 목사님을 위한 기도 모임에 리더가 되었다. 함께 동역하는 중보기도팀과 한마음이 되어 담임목사님을 위해 하나님이 기뻐하시는 기도를 올려 드리기를 간절히 바란다.

제2부

2024년 이야기

화 2024-01-02

새로운 마음으로 기대하며 시작합니다

'화합'이란 둘 이상의 물질 또는 원소가 화학적으로 결합하여 다른 물질을 생성하는 일이다. 2024년도 우리 가정의 모토는 화합으로 정했다. 그래서 큰아들 내외와 두 아들 모두 비빔밥과 떡국으로 첫 식사를 함께 나누며 가족의 의미를 더욱 돈독히 하였다.

우리에게 새해 첫날의 의미는 특별했다. 그날을 위해 전날, 대청소를 하고 이불을 다 갈고, 먼지들을 털어내며 새 날을 기다렸다. 가족 대표로 송구영신 예배를 드리고(남편은 밤이면 더 아프므로 못 갔다) 나오면서 다짐을 해 보았다. 모든 예배가 뜨거워지기를. 2024년도를 기대하며 시작할 수 있어서 감사했다.

큰아들 내외에게는 새 생명이 건강하게 무사히 태어날 것을 기대하며 둘째 아들에게는 하나님이 예비하시는 배우자 만나기를 기대하며 막내아들은 대학을 마치고 자기가 원하는 병원에서 일하기를 기대한다. 그리고 우리 부부에게는 비즈니스가 매매되어 선교 훈련을 하러 가기를 기대한다.

기대했던 것이 이루어지지 않을지도 모른다. 하지만, 기대 없이 이룸이 없으므로 이렇게 선포한다. 2023년을 시작할 때도 이런 마음이었을 것인데, 뒤돌아보니 무엇 하나 이루어진 것이 없다. 하지만, 다시 2024년을 기대하며 시작한다. 우리는 할 수 없지만 함께하시는 주님께 소망을 둔다면 이루어 주실 줄 믿는다.

시편 39편 7절은 이렇게 말씀한다.

> 내가 무엇을 바라리요 나의 소망은 오직 주께 있나이다(시 39:7).

시편 146편 5절은 이렇게 말씀한다.

> 야곱의 하나님을 자기의 도움으로 삼으며 여호와 자기 하나님에게 자기의 소망을 두는 자는 복이 있도다(시 146:5).

"믿음의 주요 또 온전케 하시는 예수를 바라보라"
우리 모두 주님만 바라보는 한 해가 되길 기도한다.

월 2024-01-08

한복에 관하여

　차디찬 바람이 계속되는 날씨였다. 눈이 아닌 비가 2-3일에 한 번씩 내리니 더욱 춥다고 느끼는 것 같았다. 한복 입기를 즐거워하는 나였다. 그래서 기회가 있기만 하면 한복을 입곤 했다. 가격이 만만치 않으니 여러 벌을 갖고 있지는 못한다. 15년 전 이전에 살던 곳에서 처음 한 벌을 맞추고, 그 후로 저고리만 두 개 더 맞추어 오랫동안 입었다.
　작년 결혼 35주년 맞아 한복을 좋아하는 부인을 위해 남편이 큰맘 먹고 한 벌을 해 주기로 약속했다. 하지만, 막상 맞추려 하니 '이런 큰돈을 들이고 해야 하나'를 생각하며 많이 망설였다. 그러던 중 아는 목사님과 통화하며 이런 나의 고민을 이야기하니, 목사님이 명쾌한 답을 주셨다.
　"집사님이 그동안 열심히 35년을 함께 수고하며 살아 주어 장로님이 부인이 좋아하는 거 해 준다는데, 삶의 보상이라 생각하면 될 것 같은데요."
　그 말을 듣고 바로 실행에 옮겼다. 그래서 11월 캐나다 여행길에 들러 옷을 맞추고 12월 중순에 옷을 받았다. 오랫동안 지인으로 좋은 관계를 맺어 온 터라 오래된 한복들도 동정을 갈아주고 조금 찢어졌던 치마도 보수 공사를 해 주셨다. 전에 한복은 색들이 진해서 좋았더라면 새 한복은 은은한 파스텔 색으로 얼마나 예쁘게 지으셔서 보냈는지. 무척 마음에 들었다.
　남편도 너무 예쁘다고 예쁘게 잘 입으라고 했다. 그러면서 더 자주 입으면 좋을 것 같다고 말하길래 이렇게 말했다.
　"그럼, 내년부터 성가대 없는 첫 번째 주일엔 한복을 입을까?"
　남편은 이렇게 대답했다.

"왜 안 되겠어 당신이 입고 싶으면 입는 거지!"

저고리가 세 벌, 치마가 두 벌이니 색깔을 잘 맞추어 입으면 다섯 벌의 느낌이 나는 것이다. 생각만 해도 신이 났다. 다른 사람들은 한복 입는 것이 불편하다고 하는데, 나는 한복을 입으면 너무 편하고 안정감 같은 것이 느껴진다.

25일 성탄절에도 입고, 송구영신 때도 입고, 2일 일하는 첫날 가게에서도 입었다. 언젠가부터 새해 처음 일하는 날에는 한복을 입고 손님들에게 새해 인사를 하곤 했다. 대단한 애국자는 아니지만, 왠지 한국을 알리는 것 같아서 시작했다. 손님들도 너무 좋아했고, 사진을 찍어가는 분들도 있었다. 다들 너무 예쁘다고 해 주셨다.

첫 주일 예배니까 당연히 입었다. 교인들도 "집사님 아니면 한복 입고 교회 오시는 분이 아마 한 사람도 없을 거예요"라고 했다. 왠지 사명감도 생기는 느낌이었다. 여기에서 자라나는 아이들에게도 한복의 아름다움을 보여 주고 싶은 마음도 있다. 사실 튀는 것 같아서 망설일 때도 있긴 하지만, 큰맘 먹고 준비한 것이니 예쁘게 잘 입으려 한다.

그리고 이 글을 읽으시는 모든 독자분, 새해 복 많이 받으세요!

월 2024-01-15

남편은 부재중

11월 캐나다 여행 이후, 여행의 추억을 되새기는 것보다 남편 육체의 고통으로 인해 그 여행에 대한 원망스러운 마음이 생겨 버렸다. 다리가 아픈 것은 어느 날 갑자기 아픈 것이 아니었을텐데. 그럼에도 일은 계속 해야만 하는 이민자의 삶을 푸념하게 되었다. 그리고 다시 한번 미국 병원 시스템에 대한 불만과 의사들에 대해 실망하게 되었던 시간이었다.

이 나라가 선진국?

치료를 기다리다 지쳐 한국행을 결정하고 지금 남편은 부재중이다. 남편은 지난 토요일 아침 7시쯤 가장 싼 비행기를 찾아서 작은아들의 배웅을 받고 비행기를 탔다. 눈물이 많은 나는 울면서 운전하는 것이 위험하다는 판단으로, 남편을 집 앞에서 인사 겸 기도로 배웅하고 새벽 예배로 대신했다. 그날 하나님께 울며 기도한 것은 하나님의 전적인 도우심과 보살핌이었다.

울지 않으려 해도 한 번도 이런 일이 있을 거라는 생각을 못 해 봤던 터라 주님을 아버지라 부르면서도 불안해했던 내 마음을 고백한다. 좁은 비행기 좌석에서 15시간을 온전치 못하는 다리로 견뎌 냈으니 얼마나 고통스러웠을까. 비행기가 도착하고 내리라는 방송이 있었지만 다리가 아파 한참을 내리지 못하고 있었다고 한다.

교회의 모든 중보기도팀의 기도와 우리 아이들의 기도 그리고 내 기도가 하나님께 상달되었는지, 한국에 가고 두 번째 밤에 그동안 불안해했던 모든 것에서 안도의 숨을 쉬게 되었다. 몇 주 사이에 20파운드(약 9킬로그램) 정도 살이 빠지고, 당뇨가 보드라인에서 갑자기 200과 300이 올랐으니, 피 검사한 병원에서는 췌장을 검사하라는 소식을 전화로 받았었다.

남편 앞에서는 내색하지 못했지만, 심적으로 너무 힘들었었다. 본인은 얼마나 더 힘들었을까. 그래서 다리가 아픈 것도 아픈 것이지만, 그것 때문이라도 한국행을 더 서둘렀는지도 모른다. 한국의 병원 시스템은 놀랍도록 빠르고 정확한 진단을 내려 주었다. 외사촌 동생이 떠나기 전, 병원 예약을 다 해 놓은 상태라 오전엔 내과 쪽을 오후에는 정형외과 쪽을 전부 만나고 검사하고, 희망의 소리를 듣게 되었다.

"할렐루야!
하나님 감사합니다!
감사합니다!"

연신 이 말만 되뇌었던 것 같다. 늦은 시간이지만 소식을 기다리고 계실 목사님께 먼저 카톡으로 전했다. 그리고 정말 자기 일처럼 염려하며 함께 울어 주셨던 타시의 목사님께도 연락을 드렸다.
하나님께 영광!
2주 계획하고 치료 목적으로 간 한국에서, 간 지 이틀 만에 기적 같은 소식을 주셨으니 이제 그곳에서 남편이 해야 할 일은 믿지 않는 시댁 식구들의 영혼 구원에 힘쓰는 것일 거라는 확신이 든다. 남편은 잘 치료받고 건강을 찾아 나에게로 돌아올 것이다.

월 2024-01-22

나의 가슴을 뛰게 하는것!

　나의 하루를 뒤돌아보며 생각에 젖어 들었다. 평소 같았으면 각자 자기의 일터에서 하루를 보내고 집으로 돌아와 옷도 갈아입지 않은 채 저녁을 차리고 설거지를 한 다음, 다음날 도시락 준비까지 마쳐 놓았을 것이다. 그리고 남편과 가장 편안한 자세로 드라마 한 편을 보고 내일을 위해 일찍 잠자리에 들었을 텐데, 남편이 부재중인 요즘은 오히려 더 바빴다. 저녁마다 그동안 눈에 거슬렸던 곳들을 정리하거나 청소했기 때문이었다.

　먼저는 가장 신경 쓰이던 곳, 바로 들어오는 현관 입구였다. 예전 코로나 때 시간이 많아서 화초 유튜버를 한다고 너무 많은 화초를 키우는 바람에 물 주다가 마루를 다 망가트렸다. 온통 마루가 들고 일어나 겨우 조각 카펫으로 가려 놓았던 곳을 정리하고 싶은 마음에 혼자 일을 저질렀다.

　자리 잡고 있었던 작은 식탁을 옮기고 화초 여러 개를 그 위에 놓고 조각 카펫을 거둬내고 응접실에 깔려 있던 큰 카펫을 그곳으로 옮겼다. 그렇게 이리저리 옮기며 자리를 잡으니 어느새 몇 시간이 흘렀다. 너무 힘을 쓴 것 같아 쌍화탕을 따뜻하게 데워 몸살약과 함께 먹고 잠자리에 들었다. 그 후에는 제법 높은 책장을 나눔 한다고 해서 막내아들과 함께 가져왔다. 주차장에 놓고 온 식구의 신발을 정리하는 김에 주차장 정리도 했다.

깔끔해진 것을 보니 오는 이 뿌듯함이란!

다음날은 미리 봐 두었던 카펫을 세일 가격으로 구매해 두 아들과 깔고 우리는 행복해했다. 아버지의 빈 자리를 채워 주었던 아들들이 새삼 고마웠다. 그 다음은 온전히 내 몫인 베란다 정리였다. 큰 냄비, 들통, 김치통들과 가스통, 아이스박스 같은 것들이 즐비한 그곳을 말끔히 치우고 나니 남편 없는 일주일 저녁이 후딱 지나갔다.

토요일, 주중에 어떤 꽃으로 성전 꽃꽂이를 할지 고민하다가 일단 아침 일찍 꽃을 파는 "트레이더 조"에 발을 들여놓았다. 예쁜 꽃들이 나를 반겼다. 겨울에 아름다운 꽃 헬레보루스(크리스마스로즈)는 절화를 하지 않고 화분째 놓았다. 뒤에는 흰 국화와 빨간 카라를 꽂으니 색의 조화가 아름답다. 아무도 없는 텅 빈 성전에 꽃을 놓으니 감동이 밀려온다. 가슴이 두근거렸다.

월 2024-01-29

균형

    오후 11시 도착 예정인 남편을 마중하기 위해 막내아들과 공항으로 향하며 기적을 베푸신 하나님께 감사한 마음이었다. 이 늦은 시간에 차들은 왜 이렇게 많은지, 시간을 맞추어 갔건만 남편은 가방을 찾아 벌써 나와 있었다. 남편을 발견한 나는 이렇게 외쳤다.
    "아들, 아버지 저기 서 계시네 얼른 차 세워!"
    여기가 미국이니 미국식으로 남편에게 달려가 포옹했다. 아들은 가방을 차에 실었고, 여기저기서 빵빵거리는 바람에 얼른 이 자리를 뜨는 게 우선이었다. 집으로 가는 차 안에서 상봉의 기쁨을 나누었다. 막내아들이 "네, 잘 지내고 어머니 많이 도와드렸어요" 하는 말을 들으니 흐뭇했다.
    "당신은 어땠어?"
    "나야 뭐 잘 지냈지, 평상시처럼. 자기가 건강을 확인하고 와서 정말 다행이고 감사해."
    "나는 오는 내내 안 자려고 버텼어. 그래야 시차 적응이 되니까."
    집에 도착하니 큰아들이 손녀 세희를 데리고 와 있었다. 아버지가 오신다고 일부러 데리고 온 것이다. 상봉의 포옹을 나누고, 잠자고 있는 손녀를 보며 남편은 말했다.
    "이제 집에 온 실감이 나네."
    "아버지 수고하셨어요, 아무 일 없어서 감사해요."
    짧은 2주간의 한국행, 그래도 큰 가방 하나 가득 선물을 사 왔다. 90퍼센트 가까이 세희 한복에 수많은 머리핀. 곧 태어날 준희를 위한 베네 옷과 이불, 가제 손수건, 아가 메는 멜빵 등등. 국물 내는 멸치, 공항에서 샀다는 BB크림, 목사님 선물이라며 사 온 눈 안마기까지. 몸이 살 만하긴 한가 보다.

그렇게 가방을 정리하다 보니 어느새 새벽 2시가 훌쩍 넘었다. 혼자 누웠던 침대에 남편과 누우니 균형이 맞는다는 생각이 들었다. 무엇을 해도 우울한 것 같았는데, 짝과 함께 있으니 새삼스레 이 순간이 고맙고 감사했다.

다음날, 소소한 하루가 소리 없이 흘러갔다. 온 식구가 모였으니 저녁은 뭘 해야 하나 고민하다가 '닭칼국수를 하면 좋아하겠네' 싶었다. 닭다리를 한 사람당 3, 4개씩 커다란 냄비에 넣고 삶았다.

감자와 양파를 넉넉히 넣고 푹 삶은 다음, 마늘 약간과 소금으로 약하게 간을 했다. 먹기 전에 부탄가스로 냄비를 옮겨 닭다리는 각자의 그릇에 옮겨 양념장에 찍어 백숙처럼 먹었다. 그리고 끓는 국물에 칼국수를 넣어 익으면 각자의 그릇에 옮겨 양념장을 국수에 넣어 먹으면 그 맛이 최고 중의 최고였다. 남편은 이렇게 말했다.

"한국에서 아무리 맛있다고 하는 식당에서 먹은 그 어떤 것보다 훨씬 맛있다."

다음날 주일, 큰아들과 세희는 내가 찬양하는 것을 보고 싶다며 1부 예배에 남편과 같이 와서 예배를 드렸다. 같이 집으로 돌아와 아침 겸 점심으로 바지락 칼국수를 끓여 먹고 아들은 세 시간 거리인 집으로 돌아갔다. 그리고 보니 큰아들에게 국수만 먹여서 보낸 것이 마음에 쓰인다.

"아들 다음에 오면 맛있는 거 잔뜩 해 줄게."

월 2024-02-05

다른 이를 위한 기도

한 달이란 시간이 훌쩍 지나가 버렸다. 남편의 부재로 나름 긴장을 하며 지냈는지, 몸살이 났다가 이틀 만에 빨리 지나갔다. 이 지역의 날씨답게 그럭저럭 겨울이 지나가고 있었다. 2024년 기도방 하나인 '전신갑주' 오직 담임목사님만을 위해 기도하는 팀의 수장이 되었다. 쉽게 결정 못하고 있는 나에게 남편은 이렇게 말해 주었다.

"당신은 목사님을 진심으로 사랑하니까 잘할 수 있을 거야."

나는 그 말에 용기를 얻어 사역을 맡게 되었다. 그동안 이끌었던 집사님의 수고가 대단했다는 생각이 들었다. 엄청난 부담감이 몰려왔다. 이를 어쩐다. 먼저 어떻게 기도해야 하나를 생각하며 인터넷에 자문해 보았다. 목사님은 성도들을 구원의 길에 들어서게 하며, 삶의 어려움에 있을 때 굳게 잡아 주어야 한다. 정말 어려운 사역이 목사님이라는 것을 다시 한번 깨닫게 해 주었다. 그래서 팀원들과 진심을 다해 목사님을 위한 기도를 하기로 다짐했다.

365일, 매일 기도하는 성경 구절을 쓰고 기도할 수 있음에 감사하다. '이러이러한 목사님이 되시기를 소원합니다'하며 사모님을 위해 두 자녀를 위해 기도하는 내용을 매일 새벽 5시에 카카오톡으로 전송하고 있다. 그렇게 한 달이 지나갔다. 이 기도문을 작성하기 위해 저녁 9시면 내 기도방에 들어가 잠깐 기도를 하고 작성한다.

매일 다른 기도를 쓸 때마다 참 어렵다는 생각이 든다. 그래도 늘 목사님을 생각하며 하나님께 기도하게 하시니 감사하다. 혼자 기도하는 것이 아니라 팀원들과 같은 기도 제목을 두고 기도한다고 생각하면 든든하다. 기도는 노동이라고 했던 말이 생각난다.

정말 그럴까?

얼마 전에 철야 기도회를 할 때 보니 힘들긴 많이 힘들던데.

나 같은 연약한 자를 들어 사용하시는 하나님!

참 답답해하실지도 모르겠다. 아직은 기도가 유창하지는 못할 것이다. 다만 내가 기도하는 것은 우리의 기도로 담임목사님의 영적 성장과 충만함, 따뜻해지는 사역, 많은 이에게 사랑받는 목사님이 되며 하나님께서 들어 크게 쓰시는 목사님이 되는 기도의 응답이 있길 바랄 뿐이다. 사탄이 우는 사자처럼 두루 다니며 삼킬 자를 찾아다닌다고 하니 그 사탄이 거는 발에 넘어지지 않기를 바라는 마음으로 기도하고 있다.

월 2024-02-12

예쁜 말, 바른말

잔뜩 먹구름이 끼어 있으니 비 예보가 맞을 듯했다. 하루 종일 비 소식 100퍼센트. 추울 정도의 온도는 아닌데도 몸에 자주 전율이 느껴졌다. 어린 시절, 이런 날씨에는 담요가 깔린 아랫목에 발을 집어넣고 엄마가 해 주시는 부침개를 먹으며 좋아했던 기억이 난다.

우리 아들들은 어떨 때 엄마를 추억할까?

아롱다롱이라고 각기 다른 외모와 성격, 달라도 너무 달랐다. 지금은 두 아들과 함께 살고 있는데, 매일 부딪치는 아들은 26살 둘째였다. 매일 운동하고 씻기 좋아하는 막내와 움직이는 거 싫어해서 운동도 안 하고 잘 씻지도 않는 둘째. 규칙적으로 자고 일어나는 막내와 늦게까지 안 자고 깨워야 겨우 일어나는 둘째. 뭐 하나 부탁하면 즉시 하는 막내와 뭐 시키면 잔소리에, 핑계에 마지못해 하는 둘째.

순서가 되어 하는 설거지 뽀도독 소리 날만큼 깨끗하게 하는 둘째와 해 놓은 설거지 다시 한번 확인해야 하는 막내. 집에서 안 자고 친구네에서 혹은 여행 가면 아침저녁으로 안부 전화하는 둘째와 여행 가서는 물론, 하루 종일 전화 한번 안 하는 막내. 비교하는 것이 나쁘다는 걸 알지만 어쩔 수 없는 엄마의 마음이다. 좋은 점, 나쁜 점 정말 골고루다.

어떻게 같을 수 있겠냐고 인정은 하지만, 내 욕심이 또 상처를 낸다. 오늘 아침에도 막내는 제시간에 일어나 샤워를 하고 멋 내고 학교에 갔다. 시계를 보니 9시가 조금 넘은 시간이다. 그런 반면 둘째는 아직 잠자리다. 나도 곧 나가야 할 텐데. 도시락 준비를 끝내고 뒷설거지를 하며 속으로 기도했다.

"하나님, 깨우지 않고 둘째가 일어나게 해 주세요!"

이제 나가야 할 시간, 하는 수 없이 이층을 향해 이름을 부르며 소리를 질렀다. 반응 없음에, 한 템포를 두고 갈 준비로 옷을 갈아입고 나와 이층 계단에 올랐다. 컴퓨터는 켜져 있고, 아무렇게나 구겨져 자는 모습에 화를 내고 말았다. 깨웠다고 생각하고 내려왔다가 다시 이름을 부르니 대답이 없었다.

"어머니 그만 잔소리하면 안 돼요?"

이것이 잔소리라니. 더 이상 말하고 싶지 않아 가게에 나와 일을 하고 있으려니 둘째에게 전화가 왔다.

"어머니 죄송해요."

"그래 아들, 엄마도 예쁘게 말하지 못해 미안해."

아무리 가까운 사이일지라도 예쁜 말 바른말을 해야 서로 사이가 좋을 것 같다.

월 2024-02-19

둘째와 막내아들 이야기

　바쁜 일상생활을 보내며 나에게 찾아오는 '나이 먹는 증후군'을 겪고 있는 요즘이었다. 나름대로 운동과 스트레칭을 열심히 한다고 하는데도 앉아 있다가 일어날 때 허리부터 허벅지가 아파 '억' 소리가 나며 계단 오를 때 무릎 통증이 계속되고, 목이며 어깨가 쑤셔댔다. 오직 밖으로는 나타나지 않는 나 혼자만 느껴지는 고통이니, 매번 말할 수도 없고 여기저기 파스 자국만 남겼다.

　오늘도 아픈 다리를 이끌고 이층 계단에 올랐다. 아직 소리가 나지 않는 둘째 아들을 깨우러 가는 길이었다. 아휴, 너저분한 아들 방문 앞. 잔소리가 목구멍에 머물렀다.

　"똑똑 아들 일어났니?"

　"일어났습니다."

　일어나 전화기를 보고 있던 아들이 대답했다.

　"엄마, 가게 간다. 얼른 준비하고 가세요.

　그리고 방 깨끗이 해 놓고 가 아들!"

　초등학교 아이들을 학교가 끝나면 데려다가 부모님이 오시기 전까지 숙제며 함께 있어 주는 방과 후 학교 선생님으로 일을 하니 늦게 자고 늦게 일어나는 것임을 알면서도 왠지 게으른 것 같으니, 이것이 엄마의 마음일 것이다. 다행히 아이들과 잘 지내고, 나름 아이들에게 하나님을 전해야 한다는 거룩한 부담감을 가지고 있다니 다행이었다. 비즈니스를 전공했지만, 미국 친구가 함께 일하자고 해서 시작했는데, 아직 자기의 길을 못 찾았다며 지금까지 그 일을 하고 있다.

마음이 따뜻한 둘째는 될 수 있으면 가족과 함께 식사하기 위해 노력하는 아들이고 막내는 운동하는 것을 워낙 좋아해서 월, 목요일엔 농구하느라 같이 못 먹는다. 화요일, 토요일엔 친구들과 시간을 보내고 주일 오후 5시, 식구 모두 식사하는 날은 다시 나가더라도 함께하려고 노력한다.

얼마 전에는 결혼한 큰아들에게 전화해서 공부가 너무 힘들고 어렵다며 부모님이 하는 세탁소나 할지 고민이 된다고 했단다. 갈 길이 먼 의학 공부가 어찌 어렵지 쉽겠나. 그래도 포기하지 않고 우리에게는 힘들다는 말을 안 하니 다행이라면 다행이다.

그저, 든든하게 잘 먹으라고 점심 도시락 잘 챙겨 주는 것으로 힘을 주고 있다. 이 시간을 보내고 생명도 살리고, 영혼 구원에 쓰임받을 수 있기를 늘 기도하고 있다. 각기 다른 개성을 가지고 살아가는 두 아들이 몸도 마음도 건강하게 살아가기를 축복한다.

화 2024-02-27

행복의 척도

아침, 현관문을 열었다. 문은 나무문과 유리문, 두 개로 되어 있는데 유리창으로 들어오는 긴 햇살이 보였다. 햇살이 집으로 들어오니 모든 게 반짝이는 것 같다. 환기도 시킬 겸 유리문까지 열고 큰 숨을 몰아쉬어 본다. 아침 공기가 차가우면서도 좋다.

집 앞에 작게 꾸며진 정원에 몇 년 전 심어 놓았던 동백나무에 꽃이 피어 있는 것이 보여 가까이 가서 보니 핑크빛 작은 몽우리가 대롱대롱 매달려 있다. 잊고 있었는데, 이 아이는 애쓰며 계속 자라나고 있었나 보다. 화분으로 키우던 아이를 이곳 화단에 심은 지 3년 만에 꽃을 피워낸 것이다. 정말 까맣게 잊고 있었는데, 오늘 아침 나에게 행복을 주었다. 많은 화초를 키우고 있는 나는 싱싱하게 잘 자라고 있는 아이들을 보며 엄마 미소를 지었다. 이것이 행복이다.

내 행복의 척도는 무엇일까?

많은 사람의 고통의 소리가 들려온다.

마음의 근심이 없는 상태가 행복인가?
사람과의 관계가 전반적으로 좋은 느낌일 때 행복인가?
몸도 마음도 건강할 때 행복인가?
물질적으로 불만이 없을 때 행복인가?
내가 추구하던 삶의 방향으로 갈 때 행복인가?

일반적으로 많은 사람이 행복을 느끼는 순간은 이렇다고 한다.

- 삶의 순간들을 가족과 함께하는 순간
- 친구와 함께하는 순간
- 자연과 함께하는 순간
- 자신의 취미와 관련된 활동을 하는 순간
- 성취감을 느끼는 순간

들어 보니 정말 그렇다는 생각으로 수긍하게 된다. 함께 지내고 있는 가족이 다 같이 식사할 때, 같이 여행할 때, 엄마의 마음은 너무 행복하다고 생각한다. 성격 탓인지 죽고 못사는 친구가 아직 없어 잘 모르겠지만, 나의 모든 것을 이해하고 이해하려는 사람이 있다면 너무 좋을 것 같기도 하다. 또한, 달리는 차창 너머의 자연을 바라보는 것만으로도 "참, 좋다" 하면 그것도 행복이다.

집에서, 가게에서 잘 자라고 있는 초록이들을 보면 좋으니 그것도 행복이다. 정해 놓은 운동을 다 했을 때, 계획했던 일들이 잘 이루어졌을 때, 만족함을 느끼는 순간들이 있으니 행복이다.

"아들들아!
잘 산다는 것은 물질적으로 풍족함에서 오는 것이 아니다.
주신 이의 마음을 알고 감사하며 살아갈 때 잘 살아가고 있는 거란다."
그렇게 적어 보내 본다.

월 2024-03-04

3월입니다

어느새 3월이고 낼모레면 경칩이다. 겨울잠을 자고 있던 개구리가 밖으로 나온다는 날이며, 주일부터는 다시 서머타임(Daylight Saving)이 시작된다. 고로, 봄이 문턱에 와 있다는 뜻이겠지. 아직 꽃샘추위가 남아 있기는 하지만 말이다. 요즘 의무적으로 하루에 다섯 번씩 들어야 하는 찬양이 있다. 주일에 성가대에서 부를 찬양의 제목은 〈다윗의 기도〉이다. 찬양이 너무 좋아서 가사를 띄워 본다.

〈다윗의 기도〉

내가 무엇이기에, 우리가 무엇이기에
즐거운 마음으로 드릴 힘이 있나이까

내가 무엇이기에, 우리가 무엇이기에
즐거운 마음으로 드릴 힘이 있나이까

내가 가진 모든 것이 주께로 말미암았으니
가진 것 우리 주님께 모두 드리나이다.

나의 하나님이여 마음을 감찰하시고
정직을 기뻐하심을 내가 아나이다.

정직한 마음으로 즐겨 드렸사오니

자원함이 기쁘나이다.

내가 가진 모든 것이 주께로 말미암았으니
가진 것 우리 주님께 모두 드리나이다.

나의 하나님이여 마음을 감찰하시고
정직을 기뻐하심을 내가 아나이다.

정직한 마음으로 즐겨 드렸사오니
자원함이 기쁘나이다.

주께 감사 찬송 드리세.

    나의 고백 또한 조건 없이 받은 사랑을 다 그분에 드리길 원합니다. 우리는 지금 사순절을 지나고 있다. 누구는 40일 동안 즐기던 것을 멈추고, 누구는 아침마다 금식하기로 하고, 그 어떤 방식으로든 십자가의 고통을 함께한다면 하나님이 기뻐하실 것이라 생각한다. 365일 중 한 달 조금 더를 참고, 인내하는 것, 그것만으로도 배우기에 충분한 시간임을 다시 생각한다.
    행동으로 실천하지 않는 믿음은 다 식어버린 밍밍한 커피와 같지 않을까요?

월 2024-03-11

다만, 말을 아낄 뿐이다

봄에만 피는 꽃들이 만개하여 눈을 즐겁게 한다. 좋아하는 목련꽃이 나의 마음을 흐뭇하게 해 주는 것을 보면, 봄이 주는 선물인 것 같다. 얼마 전 교회 성전 꽃꽂이를 개나리를 소재로 썼더니 모두 좋아했다. 특히, 한국에서 많이 보던 꽃이라 더 좋아하는 것은 아닐까 하는 생각을 했다.

우리는 살다 보면 참 여러 가지 경험을 한다. 이 나이 정도 되면 처음으로 겪거나, 당황하는 일들은 없어야 할 것 같은데 또 그런 일들을 만나곤 한다. 달포 전, 예배를 드리고 나오니 오랜 세월 함께 믿음생활을 해 온 동년배 권사님이 가까이 다가오며 "집사님 이것 좀 보세요" 하며 전화기로 사진을 내밀었다.

"내가 보았으니 다행이지, 참 어째 이렇게 한대요?"

사진은 다름 아닌, 누군가 음식을 해 먹고 설거지를 안 한 채로 냄비와 그릇들이 부엌 바닥에 널브러져 있는 것을 찍은 것이었다.

"이건 사골 국물 같은데."

그때 말을 하지 말아야 했는데, 발끈하고 말았다.

"권사님, 저희 친교팀이 그날 목사님들께 순댓국 대접하고 끝까지 정리 다 하고 갔는데요."

어떤 의도였든지 간에 왠지 친교팀을 지적하는 것 같아서 그랬던 것 같다. 권사님은 그런 일이 없었으면 해서 말한 거라고 했지만, 왜 화를 내냐며 화내고 가셨다. 그런 것을 사진까지 찍어서 보여 준 것에 화가 났고 그런 것을 보았으면 그냥 치우면 되는 걸 꼭 가르치려는 것 같아 화가 났다. 아무튼 그 일로 20년 가까이 알던 사이인 우리는 지금까지 서로 피하기 바쁘다.

그날 그 광경을 멀찌감치 보고 있었던 남편은 "조금 참지 그랬어"라고 해서 또 화를 냈던 기억이 있다. 다음날, 이런 건 아니다 싶어 먼저 전화를 했지만 받지 않았고, 메시지를 남겼지만 아직까지 답이 없다. 예배드릴 때마다, 기도할 때마다, 볼 때마다 이렇게 핑계를 대고 있다.

"하나님, 저는 약하여 용기를 내지 못하오니 주님이 해 주세요."

사과는 내 마음이 편하기 위해 한다는데, 불편한 마음이면서 왜 먼저 말을 못 하고 있는지 그저 답답하기만 하다.

월 2024-03-18

구경꾼, 싸움꾼, 일꾼

봄 내음이 완연한 시간을 보내고 있다. 그래서인지 아침과 저녁 온도 차이가 많아 감기로 고생하는 사람이 여럿 있음을 본다. 교회 안에는 구경꾼, 싸움꾼, 일꾼이 있다고 한다.

그 얘기를 들으며 나는 어떤 꾼일까?

잠깐 생각해 봤다. 절대로 싸움꾼은 아니라고 호언장담하지만, 혹시 모른다. 내 의견과 다르다고 다른 사람들에게 싸움꾼으로 보였을지도 모른다. 구경꾼으로 교회를 바라보았던 적이 있었고 일꾼으로 교회를 섬겼던, 지금도 섬기고 있는 중이다.

교회에는 전혀 관심이 없는 척하며 그런 것만 유독 잘 찾아내는 사람들도 있다.

특히, 공동 회의가 있는 날!

'저 장로님만 참석하지 않으면 일찍 끝날 텐데.'

사사건건 질문하고 딴지를 걸어 점심 친교를 준비하고 있는 많은 사람이 국을 데웠다가 식고, 또 데우고. 30분이면 끝날 것을 1시간, 아니 그보다 더 많은 시간이 지나는 것을 보며 이런 생각이 든다.

'정말이지 저분은 우리의 기대를 저버리지 않으시는 분이구나 … .'

그 장로님은 어느 꾼에 들어가실까?

일꾼?

아니면 싸움꾼?

교인 모두가 일꾼이 되면 좋겠지만, 교회가 생긴 이래 그런 기록이 없으니, 우리 교회만 보아도 작은 시골 교회 주일학교, 중·고등부, 성인 교인 수가 약 300여 명, 하지만, 주일 주보마다 선생님들 자원을 부탁하고 있고, 성가대 자원을 부탁하고, 부서마다 봉사하는 사람을 충원하기에 애쓰고 있다.

부엌 봉사팀을 구하기란 더욱 어렵다. 300명 식사 준비, 해 보지 않은 사람들은 물론 어렵다. 생각하는 것만으로도. 하지만, 손발이 척척 맞는 일꾼들이 모이면 어렵지 않게 해낼 수 있다. 그 경험을 얼마 전에 했다. 토요일 1시에 5명이 만나 300명이 먹을 마파두부 준비를 두 시간 안에 끝냈다. 재료 손질과 배추 한 박스 겉절이까지 말이다.

주일날 10시에 다시 만나 두 시간 안에 지지고, 볶고 해서 뚝딱!

모두 칭찬이 자자했다. 마파두부도 맛있고 겉절이도 일품이라고. 칭찬은 고래도 춤추게 한다는데 우리 친교팀 어깨가 으쓱했다. 격주로 미역국, 김치만 먹던 점심과 달랐으니 더 그랬겠지 싶다. 적은 인원으로 많은 일을 할 수 있는 것은 감당해 낼 수 있는 일꾼들을 찾았기에 가능한 것이다.

지시하는 팀장(물론, 팀장은 나다)의 말에 말없이 따르는 팀워크!

그들이 진정한 일꾼이다.

월 2024-03-25

오늘 저녁엔 뭘 먹을까?

　일 년 365일 중 85일째를 살고 있는 이 아침, 또 먹는 것을 준비하는 일로 하루를 시작한다. 공장에서 일하는 남편과 아주머니 한 분, 두 사람의 점심 도시락을 한 가방에 싸고, 아직 같이 살고 있는 둘째와 학교에 가는 막내의 도시락을 싼다. 그리고 나를 위한 한 가방도 챙긴다. 그리고 가게에 나와 몇 시간 일을 하고 나면 어느새 식구들과 함께할 저녁 메뉴를 생각하게 된다.

　오늘 저녁엔 뭐 먹지?

　가게가 끝이 나려면 두 시간 남짓, 저녁 먹을 준비는커녕 생각도 하지 않았는데. 그때 메뉴가 생각이 났다. 얼마 전 남편과 TV를 보다가 돈가스 먹는 것을 보더니 "우리 돈가스 먹은 지 오래된 것 같은데" 했던 말이 생각났다. 아이들이 어렸을 때는 꽤 자주 해 먹었던 추억의 소울푸드였다. 두 시간이면 충분하다.

　옆 슈퍼에서 고기를 사 오고, 고기 두드리는 방망이로 두드려서 소금, 후추를 뿌리고 있는 밀가루를 묻히고, 계란으로 옷 입히고, 빵가루를 꾹꾹 눌러서 묻힌다. 그리고 하는 김에 조금 더 해서 아이들 있는 가정의 한 끼를 해결해 주려 한다. 집에 가서 튀기면 끝이다.

　퇴근길 남편에게 전화가 온다.

　"자기야, 오늘 저녁 메뉴 돈가스입니다. 먼저 가면 기름 올려놓고 소스 조금만 만들어 주세요."

　어느새 기름은 튀길 정도로 준비되어 있다. 앞뒤로 두 번씩 노릇노릇하게 튀겨내고 있으니 두 아들도 합류하여 식탁에 세팅한다. 그 사이 양배추 당근 채 썰어 샐러드를 준비한다. 마요네즈, 케첩도 뿌려서 나간다.

금방 저녁 식탁이 차려져 남편과 아들들과 이런저런 이야기를 나누며 식사를 한다.

매일 가게에서 저녁을 준비하는 것은 아니다. 어떤 날은 아침에 저녁 먹을 것을 미리 준비하기도 하고 수요일과 금요일엔 교회로 바로 가기에 각자 있는 곳에서 해결한다. 그래도 옷을 취급하는 가게라 가급적 냄새나는 음식은 피하려 한다.

가장 자주 쉽게 준비하는 것은 닭다리 사다가 감자와 양파 넣고 삶은 뒤 집에 가서 국수를 넣어 먹는 닭칼국수이다. 몇 주에 한 번씩은 하는 것 같다. 식구들이 좋아하기도 하니 더 그렇다.

또 여름엔 삼계탕이 더 자주 주메뉴가 된다. 그러고 보니 하루 중 먹는 것을 생각하는 시간이 많은 것 같다. 가장 근본적인, 생명을 유지시키기 위한 에너지와 몸을 만드는 재료를 얻기 위한 일이니까. 오늘 하루를 살아갈 수 있게 하나님이 주셨기에, 그 생명을 보존하는 건 우리의 몫이 아닐까 생각해 본다.

월 2024-04-01

He died for me Jesus

〈살아계신 주〉

주 하나님 독생자 예수 날 위하여 오시었네
내 모든 죄 용서하시고 죽음에서 부활하신 나의 구세주
주 안에서 거듭난 생명 도우시는 주의 사랑
참 기쁨과 확신 가지고 예수님의 도우심을 믿으며 살리

믿으며 살리, 살아 계신 주님!

  오직 나를 위해 흘리신 십자가의 피, 그 사랑을 믿으며 살기를 고백하는 부활절 기간이 지났다. 늘 그랬지만, 올해는 특히 더 예수님의 사랑을 느끼는 순간들이 있었다. 두 달여 기간 동안 아침 금식을 통해 하나님이 주시는 감동을 경험하며 고난 주간 아침저녁으로, 기도와 말씀으로 성도로서의 삶을 온전히 드리는 시간을 가졌다. 부활절 꽃꽂이와, 또 작은 모형의 예수님의 돌이 굴려져 있는 빈 무덤과 세 개의 십자가와 예수님의 어린양을 표현한 장식은 압도적으로 큰 반응이 있었다.

  이걸 표현하고 싶어서 유튜브에서 많은 자료를 찾아 똑같이 만들려 고민하며 만든 작품이다. 한 주를 이 작업에 집중했고, 기도하며 예배를 드렸던 것 같다. 토요일엔 부활 주일 계란을 어른 성도들에게 두 개씩 나누어 주기 위해 많은 양의 계란을 삶아서 식힌 후 예쁜 비닐봉투에 넣고 리본으로 묶는 작업을 친교팀과 소소한 간증을 나누며 진행했다.

드디어 부활 주일, 평소보다 더 이른 시간에 교회에 갔고 살아 계신 주 하나님을 벅찬 마음으로 찬양했다. 다들 감동의 부활절 예배를 드렸다고 확신한다. 예배 후에는 청년부에서 주최하는 푸드코트와 다음 세대 청년들을 위한 바자회도 있었다. 제육볶음 도시락과 닭강정, 떡볶이, 어묵꼬치, 삼각김밥, 야채부침개, 호떡 등 부활절은 이렇게 축제 분위기가 맞다.

주일학교 아이들이 토끼 바구니를 하나씩 들고 에그헌팅까지 했다. 다들 즐거워했다. 해마다 다르게 느껴지는 예수님의 부활 사건은 올해에도 내게 감동의 사건으로 남았다. 3월 달력에 메모해 둔 많은 계획이 잘 마무리되었고, 어느새 4월의 시작이다. 유난히 기다렸던 4월이다.

둘째 주 화요일부터 손녀가 일주일간 나와 함께 시간을 보내게 되었다. 6월에 있을 아기 순산을 기다리며 여행 계획을 세운 큰아들이 나에게 큰 기쁨의 시간을 선사했다. 일주일을 함께 보내며 28개월 된 손녀의 기저귀를 떼어 주는 것이 나의 큰 목표가 되었다. 짧다면 짧은 7일간 손녀와 나에겐 분명 잊지 못할 시간이 될 것이라 믿는다.

화 2024-04-09

어느 천국 환송 예배

꽃샘추위가 있었던 지난 토요일에 장례 예배를 다녀왔다. 고난 주간 내내 매일 저녁마다 말씀과 찬양, 기도 시간을 가졌는데 그때 못 뵈었던 여집사님이 엄청 슬픈 표정으로 예배드리길래 무슨 안 좋은 일이 있으신가 보다 하고 생각만 했었다. 예배가 끝나고 교회에 오래된 권사님이 그분을 안으며 우시는 모습을 뵈었다. 그분은 내가 이 교회에 오기 훨씬 전에 다녔던 교우였고 남편이 갑자기 돌아가셔서 교회를 찾게 되었다는 이야기였다. 그리고 주일 주보에 장례 일정표가 나와 있었다.

나와는 전혀 상관없는 일이라 생각했었는데, 세상에 이런 일도 있더라. 돌아가신 분이 얼마 전에 우리 가게, 내가 하고 있는 드랍스토아(세탁소)를 사시겠다고 방문하셨던 분이라니. 얼마나 놀랐는지 모른다.

가게를 내놓은 지 거의 3년 만에 처음으로 가게에 관심이 있다며, 찾아오신 그분은 얼마 전까지 주유소를 20년간 하시다가 더 늙기 전에 가게를 정리하고 부인과 놀러 다니며 여유를 부려 보시겠다며 주유소를 괜찮은 가격에 팔고 두어 달 집에서 쉬어 보니 너무 심심하고 무료해서 부인과 우리 가게를 해 보시겠다고 구경 삼아 오셨었다.

가게 방문하셨을 때 모습을 생각해 보니 건강해 보였고, 여유 있어 보였고, 또 얼굴에는 웃음이 가득했던 것으로 기억된다. 불과 한 달 지났는데. 주유소를 20년 동안 하시면서 한 번도 쉬는 날이 없었고 새벽 5시에 나가셨다가 집에 오면 11시가 넘는 생활을 20년간 했다며 이제 좀 편안한 일을 찾기 위해 가게 구경을 오셨다고 했었다.

얼마나 힘드셨을까?

이민자의 삶이 정말 힘든 삶인데 그렇게 사시다가 여유 한 번 부리지 못하시고 돌아가셨으니, 가족들의 슬픔은 말해 뭐하겠는가. 아직 하나님께 가기에는 다소 젊은 66세인데, 그러니 아내 집사님도 그 정도거나 조금 더 어리시겠지. 어디 아팠던 것도 아니고, 갑작스러운 심장마비라니. 얼마나 놀라셨을까. 그런 연유로 인해 알고 지냈던 분은 아니지만 장례 예배에 참석하게 되었다.

늘 그렇듯 우울한 분위기 속에서 예배는 끝이 났고 아버지를 떠나보내며 인사하기 위해 아들이 나와서 편지를 읽는데, 읽는 내내 어찌나 우는지. 읽다가 울기를 반복하여 많은 사람을 울렸다.

"아버지 고생만 하시고 놀러도 못 다니시고, 우리랑 여행도 못 하고, 제가 잘못한 게 너무 많아 죄송해요."

죄송하다는 말을 얼마나 반복하던지. 이제 나갈 시간이 되었다. 영정사진이 있고 부인과 아들딸이 서 있는 곳으로 나가 인사를 할 시간이다. 그렇게 서 있는 모습을 보며 인젠가 우리 세 아들들도 저렇게 서서 울겠구나 싶어 울음이 복받쳐 올라 얼마나 울었는지 모른다.

우리 아들들, 눈물도 많은 아이들인데. 언젠가 이런 일을 겪겠지. 덜 후회하고 덜 마음 아프게 지금 최선을 다해 열심히 살아 내 주기를 바라본다.

월 2024-04-15

산을 옮길 만한 믿음이 있어도

〈내가 천사의 말 한다 해도〉

내가 천사의 말 한다 해도
내 마음에 사랑 없으면
내가 참지식과 믿음 있어도 아무 소용없으니
산을 옮길 믿음이 있어도 나 가진 모든 것 줄지라도
나 자신 다 주어도 아무 소용없네 소용없네
사랑은 사랑은 사랑은 영원하네
사랑은 온유하며 사랑은 자랑치 않으며
교만하지 아니하며 불의 기뻐하지 아니하니
내가 천사의 말 한다 해도 내 맘에 사랑 없으면
내가 참 지식과 믿음 있어도 아무 소용 없으니
산을 옮길 믿음이 있어도 나 가진 것 줄지라도
나 자신 다 주어도 아무 소용없네 소용없네
사랑은 사랑은 사랑은 영원하네 영원 영원히

지난주 성가대 찬양곡이었다. 주중에 연습을 위해 여러 번 들을 때도 양심에 찔리는 일은 없었다. 그런데 주일 아침, 성가대 연습 시간에 찬양을 반복해서 부르며 연습하는 과정에서 하나님이 찔림을 계속 주신다는 느낌을 받았다.

"네가 믿음이 있다고?"

형제자매를 사랑하지 않으면서. 두 달 전 주차장에서 권사님이 사진을 보여 주며 교회 부엌이 정리돼 있지 않은 것을 이야기했을 때 솔직히 지적받는 느낌이어서 화를 냈었다. 그 후로 교회에서 제일 많이 부딪치는 사이인데도 서로 아는 체도 안 하고, 말도 안 하고 벌써 두 달이 지나 있었다.

이 일로 남편이 먼저 사과하라고 권했었고, 얼마 전엔 새벽 기도를 마치고 나왔을 때 "사과도 먼저 안 하면서 기도는 왜 하냐"고 해서 대판 싸운 적도 있었기에 마음의 부담이 있기도 했다.

성가대 바로 앞에서 예배드리는 그 권사님을 보며 찬양 부르는 것도 힘들고, 그 사건을 아시는 몇몇 권사님들도 돌아가면서 먼저 사과하라고 이야기했다. 무엇보다도 몇 년 전, 암으로 돌아가신 그 권사님의 남편이 죽기 전 병문안 간 나와 남편에게 부탁한 말이 더 생각나서 마음이 늘 불편했던 참이었다.

"니 죽고 니면, 혜연 권사 혼자 두지 말고 외롭지 않게 해 줄 수 있지?"

이 말이 계속 생각나서 편하지 않던 마음이었는데. 그런 찬양을 부르니 안 되겠다 싶어 예배 전에 사과하려고 기다렸지만 그날따라 예배에 오지 않으셨다. 마음먹은 김에 집에 가며 메시지를 보냈고 답장이 왔다. 그래서 화해를 하게 되었다.

당장 사이가 좋아질 수는 없겠지만 오래 사귄 사이이니 곧 좋아질 거라 믿는다. 화해한 걸 안 남편은 너무 잘했다며 좋아했다. 이렇게 하면 만사가 편한데, 왜 그걸 못했는지. 내 속에 내 자아가 살아 있었기 때문이었으리라. 주님 감사합니다.

월 2024-04-22

손녀가 주는 행복

　푸르름이 만연한 4월. 그 자연이 주는 싱그러움이 알레르기 증상으로 우리를 힘들게 하고 있다. 유독 4월, 꽃가루 알레르기 때문에 말이 아니다. 하루 종일 눈이 가려워 고생하고, 남편은 콧물과 재채기로 고생 중이다. 이 또한 지나갈 것이기에 가벼운 마음이 되고자 한다. 유난히 나무가 많아 울창한 이곳이기에 아름다움 또한 함께한다. 두 주 만에 정상 출근을 했다. 큰아들 내외가 출산을 두 달 앞두고 여행을 다녀온다며 손녀를 2주 동안 맡기게 되었고, 행복한 시간을 보내느라 2주나 휴가를 보냈다.

　29개월 된 손녀, 이번 기회에 기저귀를 떼는 프로젝트를 진행하려 더 기대가 되었는지 모르겠다. 모형 변기를 사놓고, 팬티도 열 장 구입했다. 외출을 자제하고 집에만 있으며 "피피"를 외치고 애원했지만, 절대 쉽지 않은 내 계획일 뿐이었다. 그래도 몇 번은 성공해서 기특하다. 남자아이들만 키워 봤던 터라 그런지 손녀는 더 힘들었다.

　손녀와 추억 만들기도 했다.

- 1탄: 공원에서 모래로 해변 놀이하기
- 2탄: 맥도날드, 플레이그라운드에서 놀기
- 3탄: 빵집에서 함께 시간 보내기

　가는 곳마다 많은 사진을 찍어 증거로 남겼다. 마침 연합 부흥회 기간이라 금, 토, 일 함께 예배도 드리고 멋쟁이 할머니 덕분에 예쁜 옷으로 매일 패션쇼도 했다. 여기까지는 내 계획과 의도대로 잘 흘러갔지만, 그 과정은 쉽지 않았다.

이제 자기 생각이 생긴 손녀는 작년에 한 달 데리고 있었을 때와는 확연히 달랐다. 뭐든 고집을 부리고, 밥도 잘 안 먹고. 목욕시키기도 힘들고, 잠투정까지 했다. 입을 열어 말하는 전부가 "No"였다.

미운 세 살?

그런 시간 속에서도 손녀의 재롱은 나와 남편을 꼼짝 못 하게 만든다. 아직 자기 의사를 정확히 전달을 못 하니 더욱 그런 것 같다. 손녀는 세 개 국어를 해야 하니 힘들겠다는 생각에 조금은 짠하기도 하다. 게다가 조금 있으면 사내 동생까지 생기니. 동생 때문에 힘들지 않기를 기도한다.

그렇게 일주일이 지나고 여행에서 돌아온 엄마, 아빠를 보고 부둥켜안고는 오라고 해도 안 오고, 자기 엄마한테 딱 달라붙어서는, 얼마나 서운했는지 모른다. "엄마·아빠가 최고지" 하면서도 서운한 마음은 어쩔 수 없다. 그러면서 자라는 거겠지만 말이다. 그래도 손녀, 손자들이 우리와 함께 손을 잡고 교회 가는 모습은 싱싱만 해도 즐겁다.

화 2024-04-30

생각의 전환

어느새 4월이 다 가고 있다. 가는 시간도 아깝고, 우리에게 준 사역의 마음이 점점 소원해지는 것도 아깝다. 주시는 하나님의 감동으로 선교에 대한 비전을 가졌고 준비하는 과정 가운데 딱 막혀 오도 가도 못 하고 있는 실정이랄까.

그런 가운데 몇 해 전, 현지를 보게 하시고 다시 비전을 품게 하신 주님!

작년, 볼리비아 땅 산타크루즈에서 새로운 비전으로 학교 운영을 시작하시게 된 목사님과 선교사님을 뵈러 가야겠다는 생각이 들어 날짜를 계획하고 비행기 티켓을 예약하게 되었다. 일은 저질러야 하니까. 양쪽 가게를 맡길 사람은 찾아 놓지도 않고 일부터 저질렀다.

며칠 뒤, 선교사님에게 긴급한 메시지가 왔다. 21명의 고아원 아이의 여름 캠프 점심값과 새 학년 교과서를 사야 하는 데 함께해 줄 수 있느냐는 내용이었다. 두 번 생각할 것도 없이 이것은 하나님의 사인이란 생각이 들어 그 즉시 돈을 보내 드렸다. 고맙다는 선교사님의 회신 끝에 이번 여름엔 안 오시냐고 하시길래 안 그래도 비행기 티켓을 끊었다며 가는 날짜를 보내 드렸다. 그랬더니 선교사님이 이렇게 말씀하셨다.

"하나님은 정말 제 기도를 꼭 들어 주신다니까요."

오시는 그 주에 이곳에 온 지 2년 만에 새신자 초청 잔치와 새생명 초청 잔치를 계획해 놓고 도울 자를 보내 달라고 기도 중이었다며, 기도 응답을 간증하셨다. 쓰임받을 수 있게 하신 주님께 다시 감사드린다. 마침 한국에 계시다가 브라질에 자녀들 보러 가신 큰언니도 뵐 계획이다. 볼리비아에서 두 시간 남짓 비행기를 타면 브라질이니까, 행사를 마치고 며칠은 시간이 될 것 같다.

  큰언니와 조카들이 그곳에 많이 살고 있는데 이민 온 후 처음 방문이다. 조카들은 너무 짧은 방문에 아쉬워하지만 그나마라도 감사하다. 선교지에 필요한 것들을 사 가려면 계획을 잘 세워야겠다. 학교를 통해 학생들과 학부모님들에게 복음이 전해지는 현장의 뜨거움을 만나고 싶다.

월 2024-05-06

사돈, 반갑습니다

가정의 달 5월, 맞이한 첫 번째 행사는 막내의 23번째 생일이었다. 어느새 막내가 23살이라니. 그 전날 막내아들을 위해 미역국을 끓여 놓고 조용한 시간에 식탁에 앉아 생일 카드를 썼다. 지금까지 지켜 주신 하나님께 감사하며. 저녁엔 스테이크를 좋아하는 막내의 주문에 따라 가족 모두 외식을 했다.

집에 돌아와서는 생일 노래를 부르며 케이크를 먹었다. 그리고 선물을 주었다. 형들은 요즘 몸만들기에 열심인 동생을 위해 운동 기구들을 우리는 거금의 현금을 하사했다. 아직 학교 다니는 아들이기에 용돈을 주는 게 최고인 듯하다.

다음날엔 세 시간 남짓 거리에 사는 큰아들 내외가 이사를 했고, 중국에 사시던 며느리의 부모님이 며느리의 초청으로 미국으로 이주하셨기에 인사를 드리기 위해 점심 약속을 잡고 길을 나서게 되었다. 내 마음을 아시는 것처럼, 앞이 보이지 않을 정도의 폭우가 내렸다.

모든 시어머니의 바람은 아마 사돈들과 좋은 관계를 맺는 것이고 딸 같은 며느리와 잘 지내는 것이라 생각한다. 하지만, 우리는 시작부터 기대하지 말아야 하는 관계였다. 서로의 언어가 다르니 어렵고 아이들이 결혼할 당시엔 중국에서 교편(지금은 두 분 다 은퇴하였다)을 잡고 계셨던 분들이라 잠시 시간을 내어 결혼식만 끝내고 중국으로 가셨다.

손녀가 태어나 산후조리를 위해 딸네 집에 오래 계셨지만, 우리와는 사는 곳도 다르고, 멀기도 했다. 무엇보다 대화가 안 된다고 생각하니 만나려는 부담이 큰 것도 사실이었다.

그러는 사이에 며느리는 부모님을 초청했고, 영주권이 나와 이민을 하셨다. 남편과 이런저런 이야기를 나누는 사이에 큰아들의 새로운 집에 도착했다. 며느리와 손녀는 사돈들과 함께 오려고 먼저 출발한 모양이다. 가지고 온 김치와 깍두기를 냉장고에 넣어 주고는 약속 장소로 향하게 되었다. 예약한 식당에서 몇 년 만에 뵈는 사돈들과 포옹하며 격한 인사를 주고받았다. 믿지 않으시는 분들이지만, 남편의 제안으로 식사기도를 서로 손을 잡고 했다.

며느리와 사돈들이 하나님의 자녀가 되기를 오래전부터 기도하고 있으니 곧 그리되기를 기대한다. 식사를 하며 대화를 이어 갔다. 물론, 아들과 며느리가 통역을 하니 조금 복잡했지만. 벌써부터 힘들다. 남편은 전화기에 통역하는 웹으로 어렵사리 이야기를 이어 가려 해 보지만 쉽지는 않은가 보다. 그래도 남자들은 그렇게라도 해 보려는 반면, 안사돈과 나는 멀리 앉아 있기도 하고 눈인사로 대충, 서로를 탐지하고 있다.

'아, 어쩌면 좋난 말인가?'

그렇게 식사를 마치고 큰아들네 새집에 도착해 축복기도를 하고는 바로 부엌으로 가서 김치냉장고에 있는 김치통들을 정리하고 가져온 것들을 정리한다. 한 달 만에 만난 손녀는 나와 했던 공놀이가 생각나는지 공을 가지고 내게 와 놀자고 한다. 이제 나와는 자주 만날 수 없으니 외할머니하고 더 친해지겠지.

'나를 잊지는 않을까?'

생각만 해도 서운하다. 며느리는 부모님과 함께 있으니 좋은가 보다. 연신 웃음을 잃지 않는다. 곧 산달인 배불뚝이 모습이 행복해 보여서 감사하다. 시어머니라는 이유로 산후조리도 못 해주는데, 손주는 몇 달 후에나 볼 수 있겠지. 새 장막을 허락하신 주님께 감사기도를 끝내고 우린 다시 집을 향해 길을 나선다.

월 2024-05-13

추억을 만든다

항상 5월 둘째 주는 미국의 'Mother's day'. 다른 몇몇 나라들도 어제가 어머니날이었다는 뉴스를 들었다. 해마다 이맘때면, 날씨가 허락된다면 많은 이민 교회가 야외 예배를 계획하는 듯하다. 하늘 청명하고 날도 그리 덥지 않고, 야외 예배드리기 딱 좋은 날이었다.

예배가 끝나고 단체 사진도 찍고, 모두 보물찾기에 나섰다. 야외에 나오면 참 좋은 것 같다. 연세 드신 장로님, 권사님, 삼삼오오 모여 즐거운 담소를 즐기며, 주일학교 아이들은 비눗방울 놀이를 하며 잔디밭을 뛰어다닌다. 중·고등부 아이들은 '나 사춘기에요' 하는 듯 나 따로, 너 따로, 각자만의 세계에 빠져 있다.

식사를 준비하는 팀들의 부지런함 덕분에 숯불에 구운 돼지불고기와, 소시지, 밥, 김치, 상추를 가지고 정해진 장소에서 각자의 순식구들과 함께, 또 각자 집에서 준비해 온 풍성한 음식과 디저트, 과일까지 모두가 넉넉하게 나눠 먹었다.

식사 시간이 끝나면, 우리 귀염둥이 전도사님이 진행하시는 2부 순서가 있다. 성경 퀴즈 시간과 순별 게임 시간과 보물찾기 상품 주는 시간 등이다. 모두에게 상품을 나누어 주기 위해 우리 전도사님이 참 애쓰고 계신다. 다들 두 손 가득 선물을 가지고 집으로 가며 이 시간을 추억할 것이다.

저녁에는 두 아들이 어머니날이라고 저녁을 사준다고 하여 유일하게 외식하는 월남국숫집에서 모였다. 선물도 준비한 아들들이 기특하다. 화요일부터 다른 주에 가서 한 달 동안 인턴을 시작하는 막내아들 송별식도 함께했다.

간호사를 선택해 공부하며 많이 힘들어했는데, 인턴을 나간다니 대견하고, 기쁘다. 짧은 시간이지만, 사람들을 만나며 생명을 살리고 복음을 전하며 영생을 살리는 일을 하고 오길 바란다. 잠은 제공하는 호텔에서 잔다지만 먹는 것, 특히 한국 음식 좋아하는 우리 막내 고생이 많겠다. 다행히 한국 마켓이 많은 곳이니 즐기며 지낼 수 있으리라 믿는다.

  가기 전, 좋아하는 육개장을 끓여 내일 아침을 준비한다. 네 개의 도시락을 준비하고 나니 어느새 가게 갈 시간이다. 언젠가는 이 도시락을 준비하는 것도 못 하게 되는 날이 올 것이다. 아이들이 다 자기들의 삶을 찾아 나가면, 우리가 선교를 떠나면. 숨을 헐떡이며 바쁘게 살았던 이 시간을 미소 지으며 추억하게 될 것이다.

화 2024-05-21

기도 제목

찬양받으시기에 합당하신 하나님 아버지!
　이 아침에 운동할 수 있는 건강함을 주시고 가족들을 위해 기도하게 하심을 감사합니다. 남편을 위해 기도합니다. 하나님께서 기름 부어 세워 주신 종이 오니 오늘 하루를 살아가며 장로로서 부끄러움 없이 살게 하소서. 감사하며 하루를 시작하게 하여 주소서, 말씀을 가지고 기도하게 하소서. 교회를 위해, 목사님을 위해, 자녀들을 위해, 우리의 선교를 위해 남편의 건강을 지켜 주소서, 함께 일하는 사람들에게 하나님을 전하는 자가 되게 하소서.
　큰아들을 위해 기도합니다. 아침에 눈을 뜨며 감사하게 하옵소서. 잘못한 것을 회개하게 하옵소서. 믿음이 연약한 아내를 위해, 딸을 위해, 태중에 새 생명을 위해 양가 부모님을 위해, 동생들을 위해 기도하게 하소서. 예배의 뜨거움을, 하나님의 첫사랑을 회복하길 간절히 기도합니다. 통증이 있는 무릎과 발목이 하루빨리 낳기를 소원합니다. 만나는 모든 이에게 하나님을 몸으로 전하게 하옵시며, 미래를 향한 꿈, 하나님께 간구하며 시작하게 하옵소서.
　며느리 을령이를 위해 기도합니다. 믿음 없음을 고백하오니 그 딸이 마음으로 믿어 입으로 시인하게 하옵소서. 그리하여 딸과 태중에 있는 새 생명에게 믿음의 유산을 물려주게 하옵소서. 다음 달에 순산하게 되는데, 하나님 그 딸을 지켜 주옵소서.
　손녀, 세희와 태중에 있는 새 생명 준희를 위해 기도합니다. 자자손손, 하나님의 자녀로 살아가게 하옵소서. 지금 형성되어 가고 있는 인성과 습관들, 좋은 것으로 채워지게 하여주소서. 곧, 세상에 나올 손자 건강하게 태어나 하나님의 자녀로 살아가길 간절히 기도합니다.

둘째 동혁이를 위해 기도합니다. 습관적으로라도 하나님께 감사하게 하소서 오늘 하루를 허락하여 주심을 감사하며, 직장에서 만나는 모든 이에게 하나님을 전하는 자가 되길 원합니다. 예배를 뜨거운 마음으로 드리게 하소서, 예배 중에 하나님을 만나게 하소서. 배우자를 위해 기도하게 하소서, 하나님께서 예비하신 자녀를 만나 가정을 꾸리게 하소서. 군대생활로 여러 가지 불편한 육신의 고통을 주님께서 아시오니 나음을 허락하소서. 미래의 꿈을 하나님과 함께 꿈꾸길 기도합니다.

막내아들을 위해 기도합니다. 지금까지 지켜 주신 주님의 은혜에 감사합니다. 대학 마지막 관문 인턴십을 하게 하시니 감사 또 감사합니다. 오늘 아침에 눈을 뜨며 지켜 주심을 감사하게 하옵소서, 회개하길 원합니다. 거짓말하는 것, 자기 몸이 성전임을 잊고 사는 것. 예배의 뜨거움을 맛보게 하소서 그리하여, 새롭게 태어나게 하소서. 뜨거웠던 하나님의 사랑을 다시 회복하기를 간절히 기도합니다.

이 딸을 위해 기도합니다. 날마다 말씀과 기도로 시작하게 하여주심을 감사합니다. 엄마의 기도는 땅에 떨어지지 않는다고 하셨사오니 더디 보이는 자녀들의 믿음 성장, 하나님께서 책임져 주시길 간절히 기도합니다.

이 모든 기도 우리 주 예수그리스도의 이름으로 기도드립니다. 아멘.

화 2024-05-28

오늘 하루도 지나갑니다

　상쾌한 아침의 시작이 새롭다. 어제와 다른 시간을 간구하며 하루를 시작한다. 우리에게 주어진 첫 연휴를 맞아 바닷가로 여행을 떠난 큰아들 내외와 손녀를 만나러 길을 나섰다. 오랜 시간 운전 끝에 반가운 얼굴들을 만나 행복한 식사 시간을 가졌다. 생일을 맞이한 사돈 부인을 위해 케이크와 선물을 준비해 간 내 준비성에 모두 좋아했다.

　몇 분이면 갈 수 있는 바닷가이지만, 다음 약속이 있어 다시 길을 나섰다. 다음 장소는 다시 여섯 시간 정도를 운전하여 막내가 인턴십을 하고 있는 곳으로 향했다. 솔직히 짧은 연휴에 무리하는 것은 아닌가 고민했지만, 우리를 떠나 사회생활을 배우고 있는 막내에게 가족의 사랑과 관심을 보여 주고 싶었던 것이 내 바람이었다.

　가는 내내 우리는 세 아들과 손녀 이야기로 시간을 보냈다. 함께 자고 싶다는 아들을 위해 호텔을 예약하고 늦은 저녁을 먹기 위해 식당에서 만났다. 2주 만에 만나는 막내는 여전히 풋풋한 청년의 모습이다. 토요일 저녁이어서인지 식당엔 꽤 많은 사람이 북적이고 있었다. 반가움에 포옹을 하고 만남의 기쁨을 나눴다. 병원에서 제공하는 호텔은 편하고 좋은데 먹는 것 때문에 졸업하면 집에서 다니는 병원을 알아봐야겠다는 막내. "역시 집밥이 최고"라는 말에 웃음이 났다.

　하룻밤을 자고, 주변의 교회에서 예배드렸다. 그리고 좋아하는 짜장면을 함께 먹은 뒤 장을 보기로 했다. 한인들이 많이 사는 곳에 왔으니 장을 보는 것이 당연한 일이다. 우리가 사는 곳보다 싸고, 다양하고, 또 야채가 싱싱했다. 그리고 주변에 바다가 있어서인지 해물도 신선했고, 꼭 필요한 부식 종류가 얼마나 많이 세일을 하는지 욕심을 내다 보니 한동안 장을 안 봐도 될 만큼 충분히 구입했다. 막내와 짧은 시간을 보내고 2주 후에 집으로 올 때까지 잘 있으라며 함께 기도하고 헤어졌다.

또다시 일곱 시간을 운전하여 집을 향해 길을 떠났다. 금방 헤어진 막내 이야기, 혼자 여행을 간 둘째 이야기, 장인, 장모, 그리고 배불뚝이 부인. 딸에게 몸으로 수고하는 큰아들 이야기를 나누며 이 밤, 늦게까지 운전하며 나누는 대화는 끝이 없다. 내일 하루는 편안히 쉬고 다음날부터 일을 시작하기 위한 휴식을 취하기 위해 이 긴 여정을 마친다.

여행에서 돌아와서 하는 첫 한마디는 이렇다.

"역시 우리 집이 제일 편하다!"

월 2024-06-03

지속적인 만남

매주 반복되는 월요병은 의욕적인 삶을 사는 나에게도 참 무기력한 날이 된다. 운동도 건너뛰는 월요일, 정말이지 오전에는 아무것도 하고 싶지 않아 커피잔을 들고 창밖을 내다보거나 초록이들의 상태를 확인한다. 겨우 마음을 추스르는 이른 오후가 되어서야 성경을 쓰고, 내일 약속된 수선을 시작한다. 그래도 매일 하고 있는 일상에 성경 쓰기가 할 일을 찾아주는 것 같아 감사하다.

2021년 6월, 26명의 성도가 성경 쓰기를 시작했다. 대단한 의욕을 가지고, 제법 두꺼운 네 권으로 된 '채움 쓰기 성경'을 단체로 구입해 시작한 지 벌써 3년이 지났다. 부지런히 매일 하나님과 동행하며 구, 신약을 끝낸 사람들도 있고 천천히라도 계속 쓰고 있는 나 같은 사람도 있다. 그리고 이런저런 이유로 중단한 사람도 있는 것을 알게 되었다. 마침 교회에서 필사를 끝낸 성도들을 격려하는 시간이 있어 중도에 포기하고 있었던 이들에겐 다시 도전할 마음을 주는 시간이 되었다.

매일 세 끼 식사하듯, 내일 성경을 읽고 쓰며 하나님을 만나는 것이 당연하고 마땅한 일인데도 마음뿐일 때가 많다는 것을 우리 모두 알고 있다. 그래서 누구에게나 자극제가 될 수 있는 무언가가 필요하다는 걸 느낀다. 그런 면에서 본다면 나에게는 남편이 그 역할을 한다. 예전, 한글로 성경을 쓸 때 늘 칭찬과 격려를 아끼지 않던 남편 덕분에 7년이란 긴 시간을 들여 완성할 수 있었고 다시 영어로 쓰기를 시작한 지 3년째, 지속적인 지지가 지금의 나를 만들어 가고 있다.

나도 남편처럼 그런 역할에 충실하고 있는지 나의 뒤를 돌아본다. 바람이 있다면 남편에게도, 우리 아이들에게도, 그 누군가에게도, 나의 지속적인 관심으로 인해 그들이 하나님을 지속적으로 만나길 바라본다. 목표를 세우고 앞으로 나아가려는 그들을 위해 박수를 보낸다.

월 2024-06-10

주는 마음, 받는 마음

여름의 초입, 더위가 시작되었다. 학교를 졸업하고, 학년이 올라가고, 방학이 시작되었다. 맨 먼저 느끼는 것은 거리의 한산함이다. 그다음은 뜸해진 손님들의 발걸음이다. 해마다 반복되는 일이지만 마음의 평안을 달라고 기도하는 나의 연약함을 보인다.

그러한 마음을 접고 가게에 나가니 작은 장미꽃 화분이 하나 놓여 있었다. "Happy Summer"라며 오래된 손님이 두고 가셨다고 한다. 어느 때가 되면 잊지 않고 선물을 주시는 손님, 참 감사하다. 꽃도 주시고, 어떤 땐, 직접 구운 쿠키나 계절 과일도 놓고 가신다. 행복한 여름을 보내라며 주신 이 장미꽃은 마치 나를 위로하는 듯했다.

한 곳에서 10여 년 넘게 있다 보니 오래된 친척 같은 마음이 든다. 이민자의 삶에서 느낄 수 있는 고마운 마음이 아닐까 싶다. 이러하니 한 교회를 섬기는 성도 간의 만남은 말로 다 표현할 수 없을 만큼 깊다. 몇 주 전 교회에서 있었던 일이 생각나 그 고마운 마음이 더 크게 느껴진다. 작년 어느 시점부터 강대상 꽃꽂이를 맡게 되었다. 배운 것을 써먹고 싶기도 했고, 그 또한 헌신이라 생각했기에 기쁘게 시작했다.

매주 토요일, 싱싱한 꽃을 사기 위해 아침 일찍 줄을 서서 들어가 생각해 둔 디자인을 떠올리며 꽃을 고르고 하나하나 꽂으며 행복한 시간을 보냈다. 성전 안에서 그것을 보며 기뻐할 성도들을 떠올리는 것도 즐거운 일이었다. 그러다 어느 주일 예배 전, 장로님 한 분이 내 곁에 서시더니 강대상에 꽃꽂이를 안 하면 안 되겠냐고 말씀하셨다. 예배드리는데, 너무 신경이 쓰여서 예배에 집중이 안 된다고, 교회에도 이야기했지만 시정되지 않아 직접 이야기하게 되었다고 말이다.

이런 이야기를 다 수용할 수 있는 집사님이라서 이야기하는 것이니 생각해 보라고 하셨다. 무슨 정신으로 예배를 드렸는지. 이런 마음으로 교회에 있으면 안 될 것 같았지만, 마침 주일학교 아이들 점심을 해 주는 날이라 부엌에서 일하며 덥기도 했지만, 마음의 불이 나를 더 힘들게 했다. 아무 일 없었던 것처럼 있다가 집에 와서 남편에게 있었던 일을 이야기하니 "많이 힘들었겠네"라고 말해 주었다. 그 말이 위로가 되었는지 눈물이 앞을 가렸다.

교회 일을 하다 보면 이런저런 일이 있다지만, 장로라는 분이 성도의 헌신을 이렇게 말해도 되는 걸까. 교회에서는 이 일로 얼마나 고민하고 있을까를 생각하니 그 또한 마음이 아프다.

"하나님 아버지!
저 어떻게 해야 할까요.
꽃꽂이 계속하며 하나님을 기쁘게 하고 싶은데,
제 마음에 평안을 주시고,
그 장로님 마음에도 평안을 주셔서,
예배에 방해물이 안 되게 해 주옵소서.
이 모든 기도 우리 주 예수 그리스도의 이름으로 기도합니다. 아멘."

월 2024-06-17

기쁨의 잔치!

갖가지 제철 채소들과 과일들이 요즘처럼 풍성한 때가 있을까 싶을 정도로 먹거리가 차고 넘친다. 모든 것이 제때를 잘 맞아야 왕성하다는 것을 새삼 느낀다. 방학이 시작되면서 여름성경학교가 시작되고 여름 단기선교 준비가 한창이다. 그래서 우리가 맡은 일은 선교 경비 마련을 위한 선교 바자회다. 메뉴는 수제햄버거, 화채, 식혜, 냉커피, 그리고 짜장면이다. 우리 친교팀의 메뉴는 당연지사 짜장면이다.

국수 삶는 일이 어렵고 힘든 일이지만, 선교팀과 합세하여 잘 해냈다. 장을 보고 토요일에 모여 야채와 고기 손질을 마쳤다. 주일 1부 예배를 드리고, 짜장 소스를 만들고, 부엌 밖에서는 국수를 삶고 있다. 어른, 청년부, 중·고등부, 주일학교까지, 작아도 200그릇은 만들어야 하는 상황이다. 남편의 대표 요리라 모두 기대감은 최고조다. 남편 주변에는 보조 집사님들이 딱 버티고, 지시에 맞춰 손발이 척척 맞는다.

예배가 끝나자 성도님들이 몰려나와 모금함에 돈을 넣으며 음식을 받아 간다. 국수 삶는 집사님들의 땀은 빗물처럼 흐르고, 하나님이 얼마나 기뻐하실까 싶다. 쉘터가 있는 다른 곳에서는 그릴에 구운 햄버거가 인기를 끌고 있다. 냉커피, 화채들도 여름이 주는 특별한 메뉴가 되어 한창 인기몰이 중이다. 삼삼오오 모여 이야기를 나누며 음식을 먹는 모습이다. 그야말로 기쁨의 잔치에 동참하는 것처럼 행복한 모습들이다.

정신없이 바쁜 시간이 지나고, 많은 설거지도 도움의 손길 덕분에 예상했던 시간보다 일찍 마무리되었다. 올여름 단기선교는 해외 니카라과에 열다섯 명, 국내는 중·고등부에서 버지니아 난민촌 구제 사역에 참여한다.

얼마나 모금이 되었는지 모르지만, 차고도 넘치게 채워 주실 것을 믿는다. 우리 부부가 가는 선교지 방문은 교회적으로 가는 것이 아니라 조용히 준비를 마쳤다. 선교사님들의 사역에 필요한 여러 가지 물품들을 준비해 토요일부터 2주를 계획하고 출발한다.

떠날 날을 생각하면, 가슴이 콩닥콩닥 뛰는 것을 느낀다. 걱정과 기대가 반반이다. 긴 여정, 열여덟 시간의 비행, 남미에서 발생하는 바이러스의 노출에서 안전하기를 기도하며 모든 것을 주님께 맡기고, 우리에게 주시는 사명을 발견하기를 기도하며 선교사님들과 마음을 하나로 모아 사역을 잘 마치기를 기도한다.

월 2024-06-24

은혜 아니면

〈은혜 아니면〉

어둠 속 헤메이던 내 영혼 갈길 몰라 방황할 때에

주의 십자가 영광의 그 빛이 나를 향해 비추어 주셨네

주홍빛보다 붉은 내 죄 그리스도의 피로 씻기어

완전한 사랑 주님의 은혜로 새 생명 주께 얻었네

은혜 아니면 나 서지 못하네

십자가의 그 사랑 능력 아니면 나 서지 못하네

은혜 아니면 나 서지 못하네

놀라운 사랑 그 은혜 아니면 나 서지 못하네

나의 노력과 의지가 아닌 오직 주님의 그 뜻 안에서

의로운 자라 내게 말씀하셨네

완전하신 그 은혜로 은혜 아니면 나 서지 못하네

십자가의 그 사랑 능력 아니면 나 서지 못하네

은혜 아니면 나 서지 못하네 완전한 사랑 그 은혜 아니면 나 서지 못하네

이제 나 사는 것 아니요

오직 예수 내 안에 살아 계시니 나의 능력 아닌 주의 능력으로

이제 주와 함께 살리라

오직 은혜로 나 살아가리라 십자가의 그 사랑 주의 능력으로 나는 서리라

주의 은혜로 나 살아가리라

십자가 사랑 그 능력으로 나 살리라

주 은혜로 나 살리라.

그 은혜로 인해 길을 나섰다. 토요일 2시 45분 비행기로 마이애미를 거쳐 브라질, 그리고 다시 볼리비아로 향하는 여정이었다. 방학이 시작되며 어디론가 떠나는 사람이 많아 공항은 사람들로 붐볐다. 우리는 일찍 가서 준비하기 위해 세 시간 전에 도착했다.
    여행은 기다림의 연속이라 했던가?
    마이애미로 가는 길은 두 시간 남짓이었지만 예상치 못한 상황으로 올랜도에 도착했고, 그곳에서 한 시간을 기다린 후 다시 마이애미로 이동했다. 연계된 비행기는 우리를 기다려줬지만 또다시 연착되었다. 결국, 우리는 집을 출발하고 열여덟 시간 만에 브라질에 도착했다.
    겨울이 시작된 브라질의 첫 느낌은 가을 하늘 같은 푸르름을 보였고 공항 근처는 깨끗한 느낌을 받았지만, 도로 위의 무질서한 차들 때문에 위협을 느끼기도 했다. 공항으로 마중 나온 조카들은 10여 년 전에 미국으로 여행 왔을 때 보고 이제 다시 만나니 반가움이 컸다. 큰언니가 사시는 동네는 한국 분들이 많이 살기도 하고 사업장이 많은 곳이다.
    미국과 많이 다른 브라질, 그곳에도 많은 한인 교회가 있었다. 큰 조카와 언니가 다니시는 교회에 가서 예배를 드렸다. 이곳이 브라질이라도 어느 곳에나 계시는 하나님은 오늘도 나에게 말씀을 주신다. 예배는 8시 30분, 10시 두 번은 한국어, 11시에는 포르투갈어인 포어 예배를 드리고 있었다.

그만그만한 교회들이 이민자의 삶을 살고 있는 하나님의 자녀들에게 새 희망을 전하고 있었다. '봉에찌로'라는 이 도로에는 한국 사람들과 브라질 사람들이 함께 공존하며 살아간다. 오래전에 이민 온 이민자들은 이곳 브라질 상파울루에서 삶을 시작했다. 옷을 만들며 이 땅에서 새로운 한국 사람들의 삶을 일궈낸 곳. 곳곳마다 한국 사람들이 살아왔던 삶의 흔적을 볼 수 있었다.

화 2024-07-02

브라질 속에 봉에찌로

　아직 어둑한 길을 걸어 교회에 도착하면 잠겨져 있는 교회 문을 비밀번호로 열고 들어가 예배를 드린다. 예배를 마치고 나오면 걸어 다니시는 한국 할머니, 할아버지들이 모여 이곳에서만 먹는 특별한 빵과 커피로 아침 식사를 한다. 그러고는 가까운 공원으로 가서 공원을 걷는 사람들과 배드민턴을 치는 사람들 사이에서 아침을 보내는 것이 이곳의 생활이다. 그 공원에는 몇백 년 된 나무들이 여럿 있고, 열대나무들의 열매도 주렁주렁 달려 있었다.

　그 후엔 각자의 삶을 위해 공원을 벗어난다. 오후 5시 30분이면 한국 분들이 하는 옷 도매 가게들이 문을 닫고 그러다 보니 그에 따라 옷감을 파는 곳, 바느질하는 곳들도 함께 문을 닫는다. 그러면 주변에 있는 한국 식당들이 활기를 띠는 시간이 온다.

　미국과는 다르게 이곳은 인건비도 낮고 음식값도 저렴하다. 특히, 팁 문화가 없어서 외식이 부담되지 않는다. 그래서인지 모두 외식을 즐기는 것 같다. 그 외에도 길을 걷다 보면 빵집, 팥빙수 집, 커피숍들이 즐비하고 백화점 같은 모습의 한국 식품점이 턱 하니 자리 잡고 있어 많은 사람이 모인다.

　그렇게 크지 않은 한 도시 속에 한국 사람들이 즐기는 생활권이 있다는 게 너무 자랑스럽다. 예전보다 많이 줄어들었다고는 하지만 우리가 보는 봉에찌로는 충분히 매력적이다. 거리를 걸어 다니며 한국 사람들을 만날 때마다 "안녕하세요"라고 인사하는 것도 즐겁다.

큰언니와 함께 시내로 향하는 전철도 타보고, 한국 사람들이 자주 다니는 중앙시장도 가 보았다. 그곳은 우리나라 경동시장처럼 칸칸이 상점들이 이어져 있고, 이곳 시골에서 키운 다양한 물건들이 내 눈을 정신없게 만든다. 말린 생선, 말린 고기 등 이 사람, 저 사람이 생각나 이것저것 사다 보니 짐이 많아졌다. 걸어서 갔던 길이었지만 장 본 것이 많아 택시를 타야 했다. 걸어서 30분 거리였는데, 택시를 타니 10분이다. 새벽에 나갔던 우리는 많은 시간을 보내고 집으로 돌아왔다.

화 2024-07-09

북 대서양 산투스에 가다

볼리비아 산타크루즈 선교 여행을 4박 5일로 다녀왔다. 브라질에서는 비행기를 타고 한 시간 사십 분을 날아가 우리의 사역지가 될지도 모르는 그곳에서 아주 짧은 일정으로 새신자 만찬과 고아원 방문을 마치고 다시 브라질로 돌아왔다. 그곳 사역지에서 큰아들의 둘째 아들이 태어났다는 소식을 들었다. 예정보다 며칠 늦게 태어났지만, 튼튼하게 태어난 사진을 보내 주어 볼리비아 선교사님과 원주민 교인들이 함께 축하해 주었다.

언니와 조카들은 브라질에 와서 이과수 폭포는 꼭 봐야 한다고 했지만 또다시 비행기를 탄다는 것이 부담이 되기도 하고 작년에 캐나다에 가서 본 나이아가라 폭포의 여운이 아직 남아 있기에 가지 않기로 했다. 바쁜 조카들을 배려해 아침 9시에 대절한 택시를 타고 북대서양에 위치한 산투스 바닷가로 향했다.

일정이 짧아 먼 곳은 못 가고, 택시로 갈 수 있는 그 바닷가에 발을 담그고 오기로 했다. 이곳은 겨울이다. 잠깐 다니고 있는 교회 중·고등부 아이들이 겨울 수련회를 간다고 하니 실감이 난다. 이곳에 날씨는 그리 춥지 않고 오히려 한낮에는 너무 덥다.

바닷가에는 여행객들이 서핑을 즐기고 파도를 타고 있다. 거의 벗은 모습의 브라질 아가씨들의 수영복 패션은 정말 아름다웠다. 언니와 나는 양손에 신발을 들고 바닷가를 저 끝에서 저 끝까지 걸었다. 모래가 아닌 늪지대에 진흙 같은 모래가 펼쳐져 있다. 파도 끝에 실려 오는 조개껍질을 추억으로 간직하고 싶어 주워 보았다. 색다르게 분홍색을 띠고 있었고, 어찌나 얇은지 조금만 힘을 줘도 부서질 듯했다.

뜨거운 태양 아래 너무 더워 식당을 찾았다. 메뉴가 익숙하지 않아 단어로 알 수 있는 생선 요리들을 시켜보았는데, 오징어튀김, 대구, 굴 모두 완전 실패였다. 그냥저냥 먹고 나왔지만 비싸지 않으니 억울한 생각은 접기로 했다. 가고 오는 시간을 합하여 왕복 여섯 시간의 여행을 마치고 다시 봉에찌로로 돌아왔다.

갈 날이 얼마 남지 않았으니 가져갈 물건들을 사기 위해 쇼핑에 나섰다. 언니가 올 때마다 가져와 우리를 즐겁게 한 이과수 커피를 교회 식구들을 생각하며 많이 샀다. 원산지라 그런지 가격도 저렴했다. 그래도 가져갈 수 있는 한계가 있으니 살 만큼만 구입했다.

볼리비아에서 산 우유니 사막 소금과 설탕의 무게가 만만치 않아, 네 개의 가방 무게가 무겁다. 잘 통과해야 할 텐데 말이다. 마침 그곳에서 내 생일, 큰언니 생일, 조카 생일, 조카 아들 생일까지 맞이하여 합동으로 여행 마지막 식사와 생일 축하 자리를 마련해 즐거운 시간을 보냈다.

월 2024-07-15

다시 일상으로 …

〈나 주님의 기쁨되기 원하네〉

나 주님의 기쁨이 되길 원하네
내 마음을 새롭게 하소서
새 부대가 되게 하여 주사
주님의 빛 비추게 하소서
내가 원하는 한 가지 주님의 기쁨이 되는 것
내가 원하는 한 가지 주님의 기쁨이 되는 것

마이애미에 도착하고 샬롯으로 향하는 비행기를 타고서야 여행의 끝이 실감이 났다. 마중 나온 두 아들을 뜨겁게 안아 주고 집으로 향한다. 점심시간에 도착한 우리는 차 안에서 무엇을 먹을까 의견이 분분하다가 결국 부대찌개를 끓여서 라면을 넣어 먹기로 합의했다.

집에 도착하자마자 "와, 우리 집이다"를 외치며 감사했다. 부리나케 냄비에 물을 붓고 김치를 썰고, 양념장을 넣었다. 16일 만에 집에서 밥을 해 먹으니 "역시 밥은 집밥이 최고야"라는 말이 절로 나왔다.

앉을 틈도 없이 가져온 짐 가방 네 개를 정리했다. 브라질에서 유명한 커피(나와 남편은 이 커피만 마신다)를 큰언니가 오실 때마다 많이 가져다주셔서 지금까지도 즐기고 있다. 후원해 주신 분들을 기억하며 가져온 것들을 선물 봉투에 하나씩 담는다. 볼리비아산 우유니 사막 소금, 커피, 설탕 등 사람마다 마음이 요동쳐 더 넉넉히 나누게 된다.

목사님께, 또 다른 목사님들께, 그리고 마음이 가는 분들께 선물을 담다 보니 내 마음이 오히려 풍요로워진다. 내 것을 나누는 일은 참 즐겁다. 오늘을 보내고 싶지 않아 목사님을 찾아뵙고 선물을 드렸다. 그리고 집으로 돌아와 소파에 몸을 기대어 본다.

아들들이 비운 날이 많았음에도 집이 정리정돈되어 있어 고맙다. 벌써부터 내일 일을 생각하게 된다. 2주나 가게를 비웠으니 우리 초록이들은 어떻게 지냈을까 생각해 본다. 월요일, 서둘러 가게로 향한다. 오랜만에 운전대를 잡으니 긴장됨을 느낀다.

바느질할 것이 즐비하고, 초록이들은 잎을 축 늘어뜨리고 있다. 더 이상 나와 함께할 수 없는 아이들도 생겼다. 오전 내내, 화분 정리만으로 시간이 훌쩍 지나갔다. 하나님의 시간을 기다리고 있는 선교, 서서히 이 아이들도 정리를 해야겠다는 생각이 든다.

밀리고 있던 성경 쓰기로 시간을 보내고 오늘은 바느질하지 못했다. 다시 일상으로 돌아온 오늘 하루가 너무 짧게만 느껴진다. 보내지는 그 날까지 내가 서 있는 이 자리에서 내게 맡겨진 일을 감당하며 하나님의 기쁨이 되고자 최선을 다하며 살 것이다.

화 2024-07-23

우리에게 맡기신 손자를 만나다

전형적인 여름 날씨가 계속되고 있다. 낮에는 엄청 덥고, 밤에는 엄청난 비가 그 열기를 식혀 준다. 그런 후 새벽은 상쾌하다. 그러나 아침부터 찌는 듯한 날은 마음부터 가라앉는다. 나만 느끼는 것은 아닐 것이다. 남편에게도 이 여름은 참으로 힘든 시간일 테니 날씨에 대해 왈가왈부하지 않기로 한다.

아주 멀리 여행을 다녀왔건만 생활에 접어드니 내가 언제 다녀왔나 싶다. 여행 중에 태어난 둘째 손주를 보러 가기 위해 길을 나선다. 새벽같이 일어나 김밥을 싸고, 밑반찬으로 꽈리고추무침을 했다. 며느리 친정 부모님이 가까이 사시기에 함께 먹기 위해 준비한 점심 메뉴다. 아들네 집에 도착하니 우리를 기다리고 있었던 듯 아들이 반갑게 맞이한다.

"아들 축하해, 준희 많이 예쁘지?"

손녀가 달려 나와 품에 안긴다. 할머니가 된 나는 너무 행복하다. 이 아이들 덕분에 핼쑥해진 며느리를 안아 주며 말한다.

"을령!

수고했어, 그리고 너무 고맙다."

사돈들과 반갑게 인사를 나누고 여행지에서 사 온 선물(커피, 소금, 설탕)을 펼쳐 놓는다. 그리고 남편이 손자를 받아 안고 축복기도를 드린다.

"하나님 아버지!

이 아이를 우리에게 보내 주심을 감사합니다.

주님 안에서 자라게 하여 주옵소서.

우리 주 예수 그리스도의 이름으로 기도합니다. 아멘."

내 품에 안긴 손자. 이제 20일이 된 작은 생명체, 감동이 밀려온다. 내가 낳고, 키울 때는 몰랐던 그 감동, 말로는 표현할 길이 없다.

남편은 연신 이렇게 말했다.

"너무 잘생겼네. 동성, 너 아기 때랑 똑같다."

우리 눈에만 그런가, 20일 된 아이 같지 않게 이목구비가 뚜렷하다. 모국어가 다른 두 가정이 만났으니 어설픈 영어와 몸짓, 그래도 웃으며 식사를 하고 여행지에서의 일들을 이야기한다. 더 자주 만나면 훨씬 더 친숙해질 것이다. 그렇게 가족이 되는 것이지. 첫 손녀가 태어났을 때와는 많이 달라졌음을 느낀다. 시간이 해결해 준 것에 감사하다.

네 시간 남짓 행복한 시간을 보내고 집으로 향한다. 집으로 오는 길에 만난 폭우, 앞이 보이지 않을 정도의 비로 인해 또 다른 경험을 한다. 우리네 사는 인생, 이런 경험을 통해 지켜 주시는 하나님을 만난다.

월 2024-07-29

잔칫날!

올해 서른아홉 살이 된 교회 창립 주일을 맞이하여 친교팀장인 나는 지난주부터 인터넷을 뒤지며 메뉴를 고민했다. 맛있고, 쉽고, 보기에도 예쁜 음식들. 그래서 결정한 메뉴는 양송이버섯구이, 대패삼겹살 야채구이, 꽈리고추무침, 연근삼색전, 깍두기, 닭냉채였다. 다행히 주일학교와 중·고등부는 피자데이로 즐긴다고 하여 온전히 성인 200명 어른 입맛으로 메뉴를 정할 수 있었다.

함께할 친교팀원들에게 메뉴를 공유하고 수요일 교회 가기 전에 장을 보고 목요일 밤에, 금요일 교회 가기 전에, 토요일까지 나흘 동안 필요한 것들을 사다 날랐다. 그나마 과일들은 다른 집사님이 맡아 주어 감사했다. 토요일 오전 11시에 만나서 음식을 하기로 하여 나와 남편은 미리 가서 기도하며 준비하고 있으니 한 사람, 두 사람 일꾼들이 모여들기 시작했다.

야채 다듬는 것부터 시작해 지시하는 나를 중심으로 호흡이 척척 맞는다. 우리 친교팀은 네 쌍의 부부 여덟 명과 권사님 두 분으로 눈빛만 봐도 아는 사이이다. 먼저 양송이를 자르고 버터에 구워 나에게 주면, 나는 양념장을 만들고 조려 마무리한다.

남자 팀원들은 한 박스 되는 연근을 껍질 벗기고 썰어 주면 삶아서 밀가루를 묻히고, 부추를 믹서에 간 초록색, 카레 가루로 노란색, 비트를 갈아 낸 보라색으로 삼색전을 만든다. 전이 다 끝나니 팀원들이 "색이 예쁘다"라며 다들 좋아한다.

어느새 점심시간이다. 남편이 간장 양념장을 준비해 온 팀원들을 즐겁게 해 준다. 그다음은 냉채, 닭가슴살을 삶아 찢고, 색색의 피망과 양파, 깻잎을 썰어 냉장고에 넣는다. 색 조합이 너무 예쁘다. 소스만 만들면 내일 아침에 무쳐도 되니 오늘은 여기까지다. 꽈리고추는 뜨거운 물에 데치고, 찬물에 담가 씻고 꼭지를 자른 뒤 물기를 꽉 짠다. 그리고 파, 마늘, 간장, 고춧가루 약간, 설탕, 참기름을 넣고 조물조물 무치면 끝이다.

대패삼겹살은 미리 준비해 놓길 정말 잘한 것 같다. 깻잎에 노란색 피망, 부추, 팽이버섯 순으로 싸서 고기에 돌돌 말고 노릇노릇하게 구운 뒤 양념장에 조리면 완성이다. 조리는 것은 내일 아침에 하기로 하고 오늘은 마무리다. 깍두기는 집에 담가둔 것이 있어서 여섯 시간의 준비는 끝이다. 이 여름날 음식이 상하지 말아야 할 텐데, 에어컨을 켜놓고 교회를 나선다.

몸이 고단했지만, 쉽사리 잠이 오지 않는다.

"너무 너운 날씨이오니 하나님, 내일 음식 상하지 않게 해 주세요."

다음날, 1, 2부 연합성가대가 있어 미리 준비하기 위해 7시에 교회에 도착했다. 성가대원들 간식으로 계란을 삶고, 음식이 있는 곳으로 가서 보니 꽈리고추무침에서 약간 상한 냄새가 났다. 애써 외면하고 성가대 연습에 몰두하려 했지만, 마음은 어찌해야 할지 고민이 깊어진다. 1부 예배가 끝났다. 이제 나에게 주어진 시간은 두 시간 남짓이다. 먼저 남편에게 이 사실을 나누었다. 남편은 버리든지, 도시락으로 바꾸든지, 메뉴를 빼든지 하자고 한다.

"하나님, 어쩌면 좋을까요."

결국, 남편은 다시 재료를 사러 마켓에 갔고 먼저 온 봉사자들과, 음식을 마무리하며 남편이 오기를 기다렸다. 재료가 도착하자 다시 데치고, 무치고. 드디어 식사 시간이다. 긴 네모 접시에 음식을 가지런히 담으니 먹음직스럽고 예쁜 음식들이 완성되었다. 정신없이 바쁜 배식이 끝나고 식사를 마친 교인들이 수고 정말 많이 했겠다며 여기저기서 칭찬을 건넨다.

뒷정리가 끝나고 나니 오후 4시, 또 한 해의 교회 생일이 지나갔다. 이번에 이 일을 통해 배운 것은 하나님께 기도했어도 좋지 않은 일은 생길 수 있다는 것이었다.

화 2024-08-06

기도 응답

플로리다에서 북상 중인 '데비'가 이곳 캐롤라이나를 지나간다고 한다. 그래서인지 주일부터 비가 오락가락하고, 하늘은 잔뜩 흐려 있으며 후덥지근하다. 아무리 여름 날씨가 힘들게 해도 시간은 흐르는 법, 내일은 입추다. 한마디로 가을이 문 앞에 와 있다는 뜻이다. 물론, 아직 9월까지는 덥겠지만, 가을이 가까워졌다는 생각만으로 신이 난다.

하나님이 만드신 창조 세계가 참으로 경이롭다. 이런 하나님이 내 아버지라니, 감사할 뿐이다. 얼마 전, 유튜브에서 세계적으로 기독교인이 가장 많은 나라가 순서대로 소개되는 것을 보게 되었다. 1위가 미국, 2위가 브라질, 그 뒤로 중국, 멕시코, 러시아 …. 대한민국은 28위였다.

등수가 중요한 것이 아니라는 사실은 인정한다. 내가 놀란 것은 미국이 여전히 기독교인이 가장 많은 나라라는 사실이었다. 총기사고가 많아도, 마약이 판을 쳐도, 인종차별에 의한 사건사고 등 여러 문제가 있는 이 나라가 그래도 아직까지 기독교인이 가장 많다는 것이 반갑고 기뻤다.

그리고 지난주 주일 아침, 사우스캐롤라이나와 노스캐롤라이나의 시골길을 달리고 있었는데 많은 교회가 많은 차들로 가득 찬 모습을 목격했다. 유심히 보려고 한 것은 아니었는데, 내 눈엔 그 모습만 계속 보이며, 연신 운전하고 있는 남편에게 말했다.

"자기야, 저기도 차가 엄청 많아."

왜 하나님은 이 시간에 예배드리는 사람이 많다는 걸 내게 보게 하셨을까.

왜?

생각을 정리해 보니, 오래전부터 미국을 두고 기도해 왔던 내 기도의 응답이라는 확신이 들었다.

"하나님 아버지!

미국을 위해 기도합니다. 교회의 문들이 열리게 하여 주소서. 이 나라를 통해 우리나라가 하나님을 알게 되었는데, 정작 이곳의 교회들은 문을 닫고, 나이 든 노인네들만 교회를 지키는 이 현실을 불쌍히 여겨 주셔서 젊은이들이 교회의 문을 열게 하여 주소서. 그래서 아직까지 국가의 위정자들이 성경책 위에 손을 얹고 선서하는 이 나라가 하나님을 더 경외하는 나라가 되게 하소서."

오래전부터 이런 기도를 했었는데, 그 응답을 보게 하신 것이다. 십자가가 세워진 많은 교회가 차량으로 채워져 있는 모습을 보며 하나님께 감사드린다.

작은 자의 기도의 응답을 보게 하신 주님!

주님의 나라를 위해 기도의 끈을 놓지 않겠습니다. 주님, 사랑합니다.

화 2024-08-13

가족

　주어진 하루를 시작할 수 있다는 것이 얼마나 감사한 일인지, 그 소중함은 항상 누군가 갑작스럽게 병원에 실려 갔다는 소식을 들을 때 비로소 깨닫게 됩니다.
　"병원에 갔는데 OOOO 병이래."
　"회복이 어렵나 봐요."
　이런 일이 없어도 평범한 일상에 감사해야 하는데, 그게 참 쉽지 않다. 아픈 성도들을 위해 기도하며 드는 생각은 나부터 건강해야겠다는 다짐이다. 어제부터 왼쪽 어깨와 팔 전체가 욱신거리는 아픔이 있어 파스를 붙였다. 왜 아플까를 곰곰이 생각해 보니 주일에 아들네 집에 가서 40일 된 손자를 좀 오래 안고 있었기 때문인 듯하다.
　어느새 서른다섯 살 생일을 맞은 우리 집 장남, 두 아이의 아빠가 되었고 장인, 장모도 가까이 계신다. 이번엔 큰아들 생일을 직접 가서 챙겨야 할 것 같다는 생각을 가지게 되어 식구가 모두 다녀오게 되었다. 멀리 떨어져 살기에 내년 생일이면 미역국은 우리끼리 먹고 사진만 찍어 보내고 선물은 택배로, 혹은 온라인으로 보냈었는데, 이렇게 직접 집으로 가서 챙긴다고 생각하니 흐뭇하다.
　약속한 한식당에서 만나 식사를 하고, 아들 집으로 가서 준비해 간 케이크를 자르며 행복한 시간을 보냈다. 그래도 나는 엄마니까 아들 먹으라고 미역국을, 그리고 아들이 좋아하는 깻잎찜을 만들어서 아들에게 안긴다.

"감사합니다, 어머니!"

그 말에 맨손으로 올 수가 없다.

갓 태어난 조카를 처음 보는 아들들은 너무 작은 이 아이를 어찌 할 바를 모른다. 아들의 장인, 장모도 사위인 아들을 진심으로 사랑하는 것이 느껴지는 시간이었다. 그리고 폭풍 성장하는 손자의 모습을 보며 우리가 자녀를 키울 때랑은 사뭇 다름을 다시 한번 느꼈다. 날로 예뻐져 가는 손녀 세희의 웃음이 아직도 귓가에 맴돈다. 갈 때는 막내가 운전을 자청했고, 집으로 올 때는 둘째가 운전대를 잡았다.

함께 살아도 각자 방에 들어가면, 대화가 거의 없는데 이런 기회가 참 좋았다. 막내와는 학교 이야기, 공부의 어려움 등을 나누었다면 둘째하고는 언제쯤 여자 친구를 만들지, 지금 하고 있는 일에 어려움은 없는지 이런저런 이야기를 나눌 수 있어 좋았다. 가는데 세 시간, 오는 데 세 시간. 왕복 여섯 시간 동안 작은 공간 안에서 우리는 가족의 사랑을 더 느꼈을 것이다. 남편과 단둘이 여행할 때와는 또 다른 느낌이어서 참 좋았다.

화 2024-08-20

내 마음의 가시

딱히 바쁜 일이 없는 나날이건만, 시간은 참 잘 간다. 그것도 감사해야 할 일 중 하나일 것이다. 별일 없이 지나가는 하루가 얼마나 소중한지는 어쩌면 지금은 모르고 지나칠 수도 있다. 하지만, 나에게 어려움이 올 때 특히 사람으로 인해 마음이 힘들어질 때 그런 평범함이 소중하게 다가옴을 느끼게 된다. 이럴 때 하나님을 바라보며 빈자리를 내어 드리고 마음의 평안을 간구해야 하는데, 다시 위로받을 사람을 찾거나 애써 외면하며 이 시간을 보내려 하는 나 자신을 발견한다.

때론 가장 가까운 남편마저 내 마음을 왜곡하여 해석하는 경우엔 더욱 그러하다. 그런 마음이 들 때면 더 깊은 나락으로 떨어지는 느낌을 받는다. 나의 무지한 생각과 고집, 아집을 부리며 살아온 시간들을 다 내려놓고 하나님의 위로를 얻고 싶다.

내 마음이 가장 잘 표현된 〈가시나무새〉의 가사를 적어 본다.

〈가시나무새〉

내 속엔 내가 너무도 많아 당신의 쉴 곳 없네
내 속엔 헛된 바램들로 당신의 편할 곳 없네
내 속엔 내가 어쩔 수 없는 어둠 당신의 쉴 자리를 뺏고
내 속엔 내가 이길 수 없는 슬픔 무성한 가시나무 숲 같네
바람만 불면 그 메마른 가지 서로 부대끼며 울어 대고
쉴 곳을 찾아 지쳐 날아온 어린 새들도 가시에 찔려 날아가고
바람만 불면 외롭고 또 괴로워 슬픈 노래를 부르던 날이 많았는데

내 속엔 내가 너무도 많아서 당신의 쉴 곳 없네
바람만 불면 그 메마른 가지 서로 부대끼며 울어 대고
쉴 곳을 찾아 지쳐 날아온 어린 새들도 가시에 찔려 날아가고
바람만 불면 외롭고 또 괴로워 슬픈 노래를 부르던 날이 많았는데
내 속엔 내가 너무도 많아서 당신의 쉴 곳 없네

가사의 말대로라면 나는 그분의 자리를 빼앗고 나의 까칠함을 위로받으려는 것은 아닌지, 또 누군가에게 상처를 주고 있는 것은 아닌지 모르겠다. 내가 나 된 것은 하나님의 계획이 있을 것이라 믿으며 이 시간을 보내고 싶다. 오늘 그 깨우침을 이렇게 적어 본다.
"너를 지금까지 지켜 준 것은,
나를 바라보는 너의 마음을 알았기 때문이란다.
사람에게 위로받으려 하지 말고,
오늘 너에게 주는 나의 말을 붙잡고 살아가렴."
이 말씀은 나만을 위한 것이 아니라 자녀 삼은 모든 자에게 주시는 말씀이라 생각한다. 하지만, 오늘도 듣는 둥 마는 둥 적당히 타협하며 살고 있지는 않은지. 거울은 내 인생의 모습을 잘 보여 주는 것 같다.
거울 속에 내 모습의 나이는 얼마로 보일까?
어려 보여서, 젊어 보여서 좋아하기보다는 주님과 함께 동행함으로 빛나는 얼굴로 보이기를 간구한다.

월 2024-08-26

이렇게 살아 내기

살아가다 보면 이런 일, 저런 일 수많은 일을 만나게 된다.

그런데, 솔직히 말하자면 나에게 왜 이런 일이 생기지?

잘 모를 때가 더 많다. 내 소견대로 사는 것이 맞지 않음을 알기에 알맞은 글을 찾았고 함께 공감하기를 바라는 마음으로 글을 올린다.

- 서로 화목하자(막 9:50).
- 서로 발을 씻어주자(요 13:14).
- 우리가 서로 사랑하자(요 13:35).
- 서로 우애하고 존경하기를 서로 먼저하자(롬 12:10).
- 서로 마음을 같이하자(롬 12:16).
- 우리가 서로 비판하지 말자(롬 14:13).
- 서로 덕을 세우는 일을 힘쓰자(롬 14:19).
- 서로 같이 돌보자(고전 12:25).
- 사랑으로 서로 종 노릇 하자(갈 5:13).
- 서로 물고 먹으면 피차 멸망할까 조심하자(갈 5:15).
- 서로 노엽게 하거나 서로 투기하지 말자(갈 5:26).
- 우리가 짐을 서로 지자(갈 6:2).
- 오래 참음으로 사랑 가운데서 서로 용납하자(엡 4:2).
- 서로 친절하게 하며 불쌍히 여기고 서로 용서하기를 하나님이 그리스도 안에서 나를 용서하심과 같이 하자(엡 4:32).
- 각각 자기보다 남(남편, 아내)을 낫게 여기자(빌 2:3).
- 서로 거짓말을 하지 말자(골 3:9).

- 서로 위로하자(살전 4:18).
- 서로 돌아보아 사랑과 선행으로 격려하자(히 10:24).
- 우리가 죄를 서로 고백하자(약 5:16).
- 서로 기도하자(약 5:16).
- 각각 은사를 받은 대로 … 서로 봉사하자(벧전 4:10).

주옥같은 성경 구절 하나하나가 내 마음을 후벼 파는 것을 느낀다. 하나같이 나의 부족함과 내 죄성을 드러내는 말씀들이기 때문이다. 내가 할 수 없는 것들을 해야 한다고 말씀하신다. 어찌해야 할까. 나는 할 수 없는 불가능한 일, 하나님께서 함께하시면 다 할 수 있다는 사실을 우리는 모두 잘 알고 있다. 잠깐 스치는 안개와 같은 우리의 인생, 저렇게 살아 보면 어떨까 한다.

화 2024-09-03

선택된 언어, 좋은 마음

어느새 가을을 기다리는 9월이 되었다. 몇 차례의 사나운 소낙비가 지나간 후엔 더위도 한풀 꺾여 오늘은 살랑살랑 부는 바람이 기분 좋게 하는 하루의 시작이다. 아이들이 방학을 끝내고 학교로 돌아간 날부터 나도 방학을 끝내고 다시 운동을 시작했다. 6월 선교를 간다는 주일부터 멈췄던 운동, 돌아온 후엔 덥다는 핑계로 방학을 시작했었다.

그렇게 운동을 안 한 결과는 얼마 전 피 검사 결과에서 무참히 드러났다. 아무리 음식 조절을 한다고 해도 운동을 병행하지 않으면 이런 결과가 나온다. 당뇨 수치가 올라가고, 약을 한 알 더 먹으라는 통보를 받았다. 많이 속상했고 조금은 무너지는 느낌이었다. 윤활유가 부족한 것처럼 걷는 것도, 앉고 일어서는 것도 힘든 느낌이었다. 그래서 오늘은 더 씩씩하고 힘차게 2마일을 걸었다.

여러분은 어떠한가. 6학년의 나이에 접어들고 보니 나이보다 어려 보인다면 엄청 신나고 감사하고, 나이에 비해 신체 나이가 많다고 하면 어느새 기가 죽는 내 상태, 이해할 수 있을 것이다.

연휴를 맞아 여행을 제안한 큰아들, 당연히 "예스"를 외쳤고, 그날을 위해 준비하며 기다렸다. 며느리는 아기 낳은 지 얼마 되지 않은 산모이기에 손자와 집에 있고 손녀와 큰아들이 금요일 밤에 오면 토요일 아침에 우리가 먼저 출발하고, 큰아들은 양쪽 가게를 보는 두 동생을 데리고 숙소로 오는 계획을 세웠다.

물론, 나이가 적지 않은 두 아들에게 함께 가족 여행을 가자고 하니 별로 내키지 않는 듯 보였으나 형이 결혼하고 처음으로 함께 가는 여행이라고 하니 직장 다니는 둘째는 어렵사리 허락했고 학교 다니는 막내는 썩 내키지 않았지만 "엄마가 원하니까"라며 허락을 받아냈다.

 6년 만이다. 아들 셋과 손녀랑 바닷가를 간다고 생각하니 저절로 입꼬리가 올라가는 몇 주를 보냈다. 숙소를 예약하고, 손녀 수영복도 다시 준비하고, 수영조끼도 챙겼다. 다 모이는 토요일 저녁 한 끼, 주일 세 끼, 월요일 아침 한 끼까지. 다섯 번의 끼니를 아이들이 좋아하는 것으로 준비하며 어떻게 시간을 보낼지 계획하고 행복해했다.

 그렇게 토요일 8시가 돼서야 아들들이 도착했고 몇 시간 전에 미리 도착하여 준비한 오늘의 저녁 메뉴, 순대볶음과 어묵국을 먹고 식사를 마치자마자 바로 바닷가로 향했다. 밤에 보는 바닷가. 모랫바닥에 돗자리를 깔고 밤하늘을 보며 파도 소리를 들었다. 남편과 나만 함께였다. 큰아들은 잠깐 있다가 두 동생과 함께 바닷가 근처에서 연휴라고 오픈한 카니발 놀이기구를 타러 갔다.

 "우리랑 같이 있어 주면 안 되나 … ."

 약간의 서운함이 있었으나, 같이 와 준 것만도 고마운 일이라 생각하며 삭혔다. 다음날 아침, 사골 만둣국을 차리고 아들들을 불렀으나 식탁에 앉은 것은 큰아들과 손녀, 남편뿐이었다. 다시 화가 치밀었지만, 아침을 잘 먹지 않는 아이들이기에 마음을 접었다. 여행까지 왔으면 엄마가 원하는 것을 같이 먹어 주면 안 되나 싶었지만 불평은 속으로만 하고 내색은 하지 않았다. 와 준 것만도 감사하니까.

일찍 먹고 서두르니 좋은 자리의 의자들을 렌트 할 수 있었다. 손녀의 재롱. 구명조끼를 입고 바다 수영을 하는 모양새가 얼마나 예쁘고 사랑스러운지. 잘 놀아주는 아들, 아들과 교대로 손녀와 놀아주는 남편이 보기에 참 좋았다. 하지만, 막내는 혼자 바닷가를 거닐며 방황하고 둘째는 빌려 놓은 의자에 앉아 전화기만 본다.

또다시 속이 치밀어 올랐지만, 물에 들어가기 싫다는데 억지로 물에 던질 수는 없으니 또 참았다. 나만 잘 참으면 그냥저냥 가족 여행에 큰 소리 안 날 테니까. 그러려고 하니 내 속이 갑갑했다. 연신 먹을 것을 입에 넣어 주는 할머니. "할미, 할미" 하며 날름날름 잘 받아먹는 손녀. 이 맛에 산다.

34개월 된 손녀는 한국말이 늦다. 물론, 중국말도 서툴러 외할아버지, 외할머니와도 소통이 잘 안 된다. 하지만, 손녀니까 모든 게 예쁘다. 어느새 커서 용변도 가리니 제 할 일 잘하고 있는 것이다. 점심 겸 저녁으로 L.A 갈비를 굽고 새우찜을 하여 식탁에 차리니 아들들이 잘 먹어 주어 행복했다.

저녁엔 다시 카니발로, 시끌벅적한 곳에서 즐거워했다. 우리 식구들의 추억의 맛, 퍼널 케이크다. 팬케이크 가루를 식용유에 튀겨내 슈가 파우더를 뿌린 것인데 그 아이들이 어린 시절 바닷가에서만 먹던 추억의 맛을 잊지 않고 챙겼다. 다음날, 새벽부터 폭풍우가 내렸다. 그럴 것이라 알고 있었기에 아침으로 닭칼국수를 준비했으나 두 아들은 역시나였다.

우리가 먹고 나중에 먹는다는 표정으로 아침을 먹었다. 체크아웃 시간, 큰아들과 손녀는 자기들의 집 랄리로 바로 가는 계획이었기에 손녀 물건을 챙겨 주었다. 우리들의 짐까지 차에 실어 놓고, 보도블록이 잘 되어 있는 그곳에서 바다가 보이는 아름다운 풍경을 배경으로 멋진 가족사진을 찍었다. 다행히 비는 내리지 않았고, 우리의 가족 여행은 이렇게 마무리되었다. 몇 번의 위기는 있었지만, 몇 장의 가족사진을 남김으로 좋게 마무리할 수 있었다.

화 2024-09-17

함께 살아온 세월 36년!

계속 내리는 빗소리를 들으며 우리는 한 목소리로 "좀 추워지겠네" 했다. 오랜 시간을 함께하다 보니 깜짝깜짝 놀랄 때가 있다. 같은 마음이라서 그렇다.

얼마 전에 내가 고백했던 말 기억해요?

나를 구원의 길에 서게 하려고 당신을 도구로 삼아 힘든 시간을 보내게 하셨다고 말했던 것. 당신이 나를 너무 힘들게 해서 이렇게 미국까지 오게 되었고 하나님의 자녀가 되게 하시고, 하나님의 일꾼이 되게 하셨다. 너무 감사한 일이다.

지금까지 나의 든든한 울타리가 되어 준 당신에게도 아주 많이 감사하다. 화낼 줄만 알고, 사과도, 잘못을 잘 인정하지도 않는 아내를 늘 평안하게 해 주는 당신. 오랜 시간을 함께해서인지, 너무 잘 알아서인지 "그럴 것이다"라는 괜한 오해로 가끔 다투는 우리. 알아도 너무 잘 알아서 생기는 일이다.

크고 작은 일들을 잘 해결하며 우리는 지금, 이 순간을 맞이하고 있다. 누구에게도 지지 않을 만큼 열심히, 부지런히, 잘 살아왔다. 그때그때 추억도 만들어가며 아이들에게 부끄럽지 않은 삶을 살아 냈다고 생각한다. 아이들은 부모의 뒷모습을 바라보며 자란다고 하지 않나. 우리 아이들, 잘 살아 낼 것이다.

파릇파릇한 20대를 지나 60대 초입을 지나고 있는 당신과 나, 이제는 소파에 앉으며 자연스럽게 "에고 여기도 아프네", "저기도 아프네" 하며 알아달라고 이야기하는 것이 우리가 늙어 가고 있음을 느끼게 한다. 늙을수록 짝꿍이 필요하다는 것을 더 자주 느낀다.

노후를 위해 무엇을 어떻게 준비해야 하나를 늘 염려하며 준비하는 당신 덕분에 늘 느긋함을 유지할 수 있음에 감사하다. 하나님 안에서 자녀들을 키우며 결혼을 시키고 손녀, 손녀의 할아버지, 할머니가 된 당신과 나. 우리에게 보내 주신 이 자손들을 위해 날마다 기도하는 우리가 되어야 한다.

    얼마 전, 막내아들이 제안하여 잠들기 전에 아들들과 손을 잡고 각자 기도 제목을 내놓으며 함께 기도할 수 있었던 것. 얼마나 감사한 일인지 모른다. 제사장인 당신이 이 가정을 잘 이끌어 주었기에 아들들이 잘 성장한 것이다. 우리가 이 세상의 삶보다 하나님께 더 소망을 두고 살아갈 때 하나님께서 기뻐하실 것을 믿는다. 우리에게 주실 남은 시간, 더 사랑하며 잘살아 보자. 특별한 저녁 파티는 계획되어 있지 않지만, 우린 분명히 행복한 시간을 가질 것이라 믿는다.

월 2024-09-23

내 사랑하는 자손들에게

항상 기뻐하라

쉬지 말고 기도하라

범사에 감사하라 이는

예수 안에서 너희를 향하신

하나님의 뜻이니라(살전 5:16-18).

이 구절은 내가 가장 좋아하는 성경 말씀이다. 아침마다 한 번씩 마음속에 떠올리는 말씀이다. 큰아들에게 결혼한 후 주었던 첫 선물도 멋진 글씨체로 액자에 된 이 구절이었다. 둘째가 가정을 이루어도, 막내가 그리하여도 같은 것으로 첫 선물을 줄 예정이다.

며칠 전, 집에 귀한 손님을 모셔 왔다. 아직 백일도 안 된 손자를 두 주 보시겠냐고 하길래 앞뒤 생각도 안 하고 "예스"를 외쳤다. 백일 날이 머지않아 그때 행사를 하기로 하여 미리 떡도 맞추고 여러 가지 준비를 하고 있던 중이라 더 신이 났다. 데리고 온 후 주일날, 목사님이 축복기도를 해 주셨다. 큰아들도, 며느리도, 결혼 후 아이들이 태어나고 바쁘다는 핑계로 교회 출석도 잘하지 않는 요즘인데 교회에 데리고 와 축복기도를 받게 하니 그것이 은혜였다.

내 평생의 소원, 자손들이 신앙 안에서 살아가는 것이다. 물려줄 유산 같은 건 없으니 일세대에 신앙인으로서 간절히 기도하는 것, 하나님 안에서 평안을 누리며 살기를 원한다. 내가 너무 좋아서 손자를 본다는 것이었는데, 손자를 본 많은 성도는 또 판단을 한다.

"어머, 어떻게 백일도 안 된 아이를 맡길 수가 있대요."

"그 며느리는 좋겠네요, 시어머니가 착해서."

이게 칭찬인지, 흉인지. 아무렴 어떤가. 어차피 한 귀로 듣고 한 귀로 흘릴 이야기다. 아기 낳아서 몇 달 고생한 며느리에게 휴가 좀 준다는데, 왜 그렇게 말이 많은지 참, 가게에서 일하며 아기를 보는 게 어떻게 힘들지 않겠나. 내가 힘든 것보다 더 큰 행복을 주니까, 감당하는 것이다.

그리고 백일이 안 된 아가들은 먹고 자고, 너무 쉬운 존재다. 옛날 생각도 나고, 둘째와 막내를 가게에서 돌보며 키웠던 기억 말이다. 그런 날들이 기반이 되어 지금 이렇게 넉넉하게 사는 것임을 잘 안다. 주말엔 또 손녀와 큰아들이 집에 온다고 한다. 먼 길 마다하지 않고 온다니 너무 감사할 뿐이다. 한 달여 만에 보는 손녀는 손녀대로 얼마나 예쁜지. 또 들뜬 한 주일을 보낼 예정이다.

일 2024-09-30

골프에 관하여 …

며칠 전 이곳 노스캐롤라이나를 휩쓸고 간 허리케인 '힐린'으로 인해 초토화가 되었다. 전체적으로 인명 피해가 사망 93명, 실종자는 수백 명에 달한다고 한다. 이 힐린으로 인해 학교는 휴교했고 가게들은 전기가 모두 나가 문을 열 수 없었다. 딱 이틀 동안 있었던 해일인데 피해는 엄청났다. 금요일이 모두 휴무였고, 토요일엔 근처 교회에선 선교 골프대회가 있었다.

참 어렵고 긴 시간, 앞만 보고 달려와야 했던 이민 초기를 한참 지나 조금은 여유로워졌지만 내가 가장 하기 싫고 조금은 과장된 표현이라면 혐오하는 것이 골프이다. 부르주아 같은 느낌이 들어서 그렇다. 다들 조금에 여유로움이 생기면 너나 할 것 없이 골프를 시작하는 것이 꼴사납다는 생각을 하게 된다.

물론, 이건 어쩌면 말도 안 되는 억측일지도 모른다. 사람마다 생각하는 것이 다 다르니 내가 이런 생각을 한다고 해서 내가 틀렸다고는 말할 수는 없을 것이다. 남편도 이런 내 생각을 아는지라 교회에서 어쩔 수 없이 하는 선교 골프대회가 아니면 잘 안 친다. 그러다 보니 잘 치는 것 같지는 않다.

며칠 전, 이웃 교회에서 선교 골프대회를 한다고 해서 신청을 했다고 한다. 그래서 남편에게 물었다.

"연습 좀 해야 하지 않아?"

"금방 연습한다고 나아지나."

"그건 그렇지."

대회를 끝내고 집에 오자마자 남편은 음식 준비로 바쁘다. 목장 예배가 한 달 전부터 계획된 것이었고 음식도 남편이 좋아하는 짜장면, 짬뽕을 본인이 한다고 했으니 힘들겠지만 어쩔 도리가 없다.
    옆에서 야채를 준비하며 "이번 대회에는 우리 교회 부부가 많이 참석했던데"라며 그 부부 이름을 댄다. 전혀 안 칠 것 같았던 사람들의 이름을 이야기하는데 왠지 배신감이 드는 이유는 무엇일까. 나의 못된 자격지심이 드러나는 순간이다. 골프 치는 사람들의 입장에선 어처구니가 없겠지만, 아무튼 나는 골프 치는 사람들이 싫다. 특히, 주일을 지키지 않으며 운동하는 이들이 싫다. 순전히 잘못된 내 생각이라는 것을 알기에 다른 사람들에게는 이런 내 자신을 감추고 산다.

월 2024-10-07

후회하기 싫어서 …

나에게 주어진 하루를 잘 살고 싶다는 마음으로 애쓰며 살아가는 나를 스스로 "잘하고 있어"라며 위로한다. 알람이 나를 깨우고, 하루를 시작 했다면, 지난 2주 동안에는 우유 달라는 손자의 새벽 울음으로 잠을 깨웠다. 우유를 데워 먹이고, 다시 재워 놓고, 아침 예배를 다녀오면 막내아들이 아기를 보고 있는 하루의 시작이다.

점심 준비를 하고 아기 우유를 만들고 가게로 향한다. 세 시간에 한 번 꼴로 우유를 먹이고 낮잠을 재우며 틈이 날 때마다 성경을 쓰고 바느질도 한다. 잠투정을 안 하면 쉽고 즐거운데, 한 번씩 잠투정을 할라치면 '조금 힘드네' 싶다가도, 눈 마주치면 방긋방긋 웃어주는 통에 힘든 건 다 잊어버리고 너무 행복하다. 자주 보는 손님들은 아가에 대한 칭찬이 대단하다. 너무 잘생겼다나, 어쨌다나. 이런 마음을 기억하고 싶고, 우리가 혹시 멀리 선교를 가면 자주 봐줄 수 없으니까 기회가 있을 때 마음껏 봐야지 한 것이다. 후회하지 않으려고.

그렇게 어느새 2주가 지나가 내일이면 아는네 집으로 백일잔치도 할 겸 손주를 데려다주러 간다. 잔치에 쓸 떡도 찾아 놓고, 과일바구니도 풍성하게 만들고 바구니에 꽃꽂이도 하고. 만반에 준비를 다 해 현관에 짐을 쌓아놓는다. 뭐 하나라도 빠뜨리지 않기 위해 메모해 놓은 것에 체크하며 챙긴다.

젖먹이 한 명이 움직이면 짐이 얼마나 많은지. 아들이 보내 준 물건을 하나하나 잊지 않고 가방에 넣는다. 백일 한복도 챙기고, 동생에게 질투 나지 않게 하려고 손녀 한복도 챙겨 본다. 다음날, 3시쯤 도착하여 백일 상을 멋지게 차려 한복 입은 손자를 앉혀놓고 사진을 찍으니 뿌듯하다.

아들은 "어머니 아니면 저희는 이런 거 못 했을 거예요 감사해요" 한다. 손녀가 백일일 때는 멀리 산다는 이유로 못 챙긴 것이 약간 서운했었다. 지금은 세 시간 남짓 걸리는 거리라 가깝다고 생각하니 감사하다.

  언어가 다른 중국 며느리는 연신 행복한 웃음을 짓는다. 사돈들과 함께 아들이 요리한 스테이크로 저녁을 먹었다. 손녀와 잠시 동네를 한 바퀴 산책하고 모두의 아쉬워하는 모습을 뒤로하고 집으로 향한다. 집으로 오는 길에 아름다운 석양과 마주한다. 이 시간을 오랫동안 기억하며 추억할 것이 기쁨으로 다가온다.

화 2024-10-15

기다리는 마음으로 …

10월이 시작된 것이 엊그제 같은데, 어느새 중순을 보내고 있다. 쏜 화살만큼이나 빨리 가는 이 시간을 잡아 둘 수는 없겠지. 7월에 브라질 언니네 방문을 해서 조카들과 그의 자녀들과 너무 좋은 시간을 보냈는데, 그들이 미국에 이모를 보러 온다는 반가운 소식을 전해 왔다. 구체적인 스케줄과 비행기표까지 정해졌고, 아이들이 방학하는 12월에 뉴욕을 먼저 여행하고 이모네 집에서 크리스마스를 보내고 돌아가는 귀한 시간을 갖게 되었다.

큰언니와 두 조카, 그녀의 자녀들과 총 7명, 잡아 놓은 계획은 어김없이 빨리 다가올 것이기에 미리 준비해야 할 것들을 리스트로 작성해 하나씩 해 나가고 있다. 잠자리 마련을 위해 새로운 이불 두 세트를 구입하여 빨아 놓고, 가을 배추와 무가 좋길래 사와 소금에 절여 놓고 가게에 왔다.

지난여름, 가격이 너무 비싸 금배추라 불렸던 배추를 절이는 것이 잘못되었는지 김치를 망쳤던 기어이 떠올라 이번에 징싱껏 배추에 겹겹이 소금을 뿌려 절여 놓았다. 조카의 자녀이니 나에게는 손자, 손녀 같은 그들에게 좋은 추억을 만들어 주고 싶다. 눈을 볼 수 없는 브라질이기에 눈을 보여 주고 싶어 산행(Boone)을 계획했고, 찜질방이 없는 브라질이기에 찜질방에 가려고 아틀란타 방문도 계획했다. 워싱턴 백악관 구경도 시켜 주고 싶었다.

그리 길지 않은 열흘간의 방문이다. 집에 아들들은 조카들을 위해 카로윈즈 놀이기구를 타러 갈 계획을 세웠고 랄리에 사는 큰아들 내외도 아이들과 함께 처음 만나는 조카들을 보러 오기로 되어 있다.

이렇게 미리 계획을 세우는 것은 교회 일로 바쁠 11월을 대비하는 것이다. 11월 교회 달력엔 행사가 빼곡하다. 말씀 사경회, 선교 바자회부터 가을 운동회, 목장별 추수감사절 파티 등. 그러다 보니 12월에 방문할 친지들을 위해 10월부터 준비를 시작하게 되었다. 뭐든 미리미리 하면 좋으니까. 잘 절여져 있을 배추를 씻어 물기를 밤새 빼고 내일은 속을 만들어 김치를 완성할 것이다. 천천히 오랜 시간을 두어 맛있게 익기를 바라는 마음으로.

화 2024-10-22

가을의 햇살을 받는다

매주 토요일이면 방문하는 꽃가게에 들러 꽃을 산다. 주일 행사에 맞추어 혹은 계절에 맞추어 꽃을 정하고, 색을 맞추는 일. 나는 그것이 즐겁다. 주일 공동 의회로 교회에 일꾼을 뽑는 투표를 하는 날이다. 알록달록한 색으로 분위기를 띄우고 싶다. 노란색 해바라기, 귀여운 작은 국화, 주홍빛 장미, 소재료는 호박 모양의 작은 열매가 주렁주렁 달린 것으로 한다.

"자, 그럼 시작해 볼까."

꽃꽂이를 끝내고 지난주 것과 바꾸어 놓고 교회 문을 나선다. 우렁각시처럼 아무도 모르게. 몇몇 사람들은 알겠지만, 내가 교회 꽃꽂이를 한다는 걸 모른다. 하나님께 드리는 나만의 드림이 되길 바라니까. 예배가 끝나는 시간에 맞춰 기다리는 남편과 가을을 만나러 길을 나선다.

평지가 많은 이 동네, 노스캐롤라이나에서 산을 만나러 가려면 보통 세 시간 남짓의 운전을 해야 한다. 블루리지산맥과 그레이트스모키산맥이 있는 곳. 그곳으로 향하는 길 내내 얼마 전에 있었던 태풍 헐리로 인한 피해의 흔적이 완연하다. 얼마나 많은 나무가 뿌리째 뽑혀 나뒹굴어져 있는지, 정말 참혹하다.

벌써 몇 주가 지났지만, 피해 지역엔 아직 전기가 안 들어온다는 뉴스를 들었다. 우리가 늘 가던 산자락, 출입을 통제한다는 글귀가 눈에 들어온다. 산 정상에서 보았던 아름다운 단풍은 포기해야 할 것 같다. 그래도 낮은 산이지만, 그곳에서 올해의 단풍을 보며 감탄한다. 오고 가며 먹을 것을 준비한다고 했지만, 저녁까지는 안 될 것 같아 긴 샌드위치 하나를 사서 먹으며 남편과 이런 시간을 함께할 수 있음에 감사함을 전한다.

뭐 대단한 것이 아니면 어떤가, 소소한 이 하루!

계절마다 다른 이 아름다움을 눈으로 감상하려는 이 마음이 참 소중하다. 엄마, 아버지 데이트하라며 저녁은 자기들이 알아서 한다고 전화해 준 아들들이 고맙다. 가을의 따사로운 햇살이 저물며 노을이 지는 이 시간, 말로 표현할 수 없는 평안이 몰려온다.

나 가진 재물 없으나, 이 현실에 만족하며 사는 삶이 감사하다. 섬길 수 있는 교회와 성가대가 좋다. 눈인사를 나누며 서로를 위해 기도해 주는 사람들이 있어 감사하다. 남편과 함께한 인생 2막 2장을 시작하여 16년을 살아온 이곳이 좋다.

월 2024-10-28

소명

소명은 '사람이 하나님의 일을 하도록 하나님의 부름을 받음'이라는 뜻이다.

〈사명〉

주님이 홀로 가신 그 길 나도 따라가오,
모든 물과 피를 흘리신 그 길을 나도 가오.

험한 산도 나는 괜찮소 바다 끝이라도 나는 괜찮소,
죽어가는 저들을 위해 나를 버리길 바라오.

아버지 나를 보내 주오, 나는 달려가겠소,
목숨도 아끼지 않겠소, 나를 보내 주오.

주님이 홀로 가신 그 길, 나도 따라가오,
모든 물과 피를 흘리신, 그 길을 나도 가오.

아버지 나를 보내 주오, 나는 달려가겠소,
목숨도 아끼지 않겠소, 나를 보내 주오.

지난 토요일, 순모임을 하며 주일 친교 식사 준비를 위해 함께 모였다. 오후 3시에 만나 된장배춧국과 어묵볶음, 청경채무침을 준비했다. 재료를 삶고, 자르고, 깨끗이 씻고, 육수를 진하게 내며 정성껏 손을 모았다. 순모임은 나눔지 순서에 따라 찬양을 부르고 말씀을 읽고, 그 말씀에 맞는 은혜를 나누는 시간이었다.
　타협할 수 없는 하나님과의 약속을 이야기하는 과정 속에서 내가 나눈 것은 매일 쓰는 성경에 관한 것이었다. 아침에 가게에 나오면 어떤 바쁜 일이 있어도 제일 먼저 하는 것은 하나님과 약속한 성경 쓰기라고 고백하게 되었다. 더불어 하나님께 약속한 선교에 관한 이야기도 나누었다. 나는 하나님의 부르심이 있었다고 믿고 3년이란 시간을 기다려 왔는데, 요즘 같아서는 부르지 않은 게 아닌가 하는 생각이 들어서 가끔 혼란스럽다고도 이야기했었다.
　순모임 저녁 메뉴는 교회 쉘터에서 구워 먹는 삼겹살 파티다. 누구는 고기 누구는 야채 등 각각 준비하여 차려 놓으니 한상이 되었다. 고기에 김치까지 구워 먹고, 김치볶음밥까지 먹으며 마무리했다. 식사하며 나누는 이야기, 기도 제목을 나누는 시간이 유익이 되는 시간이어서 더욱 소중했다.
　다음날은 말씀 사경회가 시작하는 첫날, 주일 설교 제목이 〈사명〉이었다. 30년을 맨발로 다니시며 전도하신 최춘선 목사님의 생전 모습을 보여 주며 "마음의 부담으로 주시는 모든 것은 소명"이라고 하셨다.

바로 어제, 순모임에서 나를 소명자로 부르지 않은 것 같다고 이야기했었다. 선교에 대한, 볼리비아에 대한 부담감이 늘 내 마음에 있는데, 다만 하나님의 시간이 언제인지 모를 뿐이다. 설교를 듣는 내내 얼마나 울었는지 모른다. 내 마음을 알고 계신 하나님께서 또 나를 위로하시기 위해 말씀 사경회를 예비하신 것 같았다.

인생은 해석이라고 했던가?

목요일까지 계속되는 사경회가 더 기대되는 것은 하나님이 주시는 사명의 부담감을 감당하고 싶기 때문이다.

화 2024-11-05

즐거이 부르는 노래

소리 소문 없이 겨울비가 내렸나 보다. 떨어진 낙엽은 그대로이다. 소복이 쌓인 낙엽이 겨울이 오고 있음을 말하는 것 같다. 곧, 입동이다. 겨울이 시작된다는 것이겠지. 서머타임이 해제되고 나니 해는 많이 짧아지고 밤은 길어졌다. 가게 문을 닫으면 이제 어두운 밤이어서 마음의 조급함까지 드는 요즘이다. 언제나, 그렇듯 영원한 것은 없음을 생각하게 한다.

예전에 어렸을 적에 부르던 동요도, 가요도, 이제 기억에서 많이 사라졌다. 즐거이 부르는 것은 찬송가와 CCM 찬양이 되었다. 당연하겠지만 좋아하던 가수들도 있었고, 흔히 말하는 18번 노래도 있었던 것 같은데 이곳에선 어디에서도 부를 기회가 없으니 잊는 게 당연한 것이겠지.

얼마 전, 이곳에 가수 박완규님이 간증 집회를 하러 오셨었다. 그가 부르는 노래를 어떤 이들은 좋아하며 따라도 부르던데, 우리 둘은 감흥이 없어 일찍 자리에서 나오게 되었다. 내가 즐거이 부르는 것이 아니기 때문일 것이다. 노력해서 얻는 것보다 즐기면서 하는 그 무엇이 얻는 것이 많음을 다시 깨닫는다.

다가오는 토요일, 코로나로 인해 중단되었던 바자회를 몇 년 만에 다시 하게 되었다. 조금 급하게 결정이 되었지만, 오랜만에 하는 큰 동네 행사라 기대가 된다. 얼마 전, 이곳에 태풍으로 인해 피해를 입은 한인들을 돕기 위함이요, 우리가 협력하고 있는 선교지에 보내기 위함의 목적이다. 기대가 되는 것은 요즘 이 동네에 한식이 대단한 인기를 끌고 있어 외국인들이 대거 몰려올 것으로 예상되어 음식에 특히 신경을 쓰고 준비를 하고 있다.

야드 세일도 한다고 해서 옷과 아이들 관련 물품들을 기부받았다. 음식으로는 빈대떡, 육개장, 잔치국수, 김밥, 닭강정, 떡볶이, 어묵, 튀김, 그리고 우리 교회의 시그니처를 자처하는 호떡까지 많은 것을 준비하는 만큼 일손도 많이 필요할 것이다. 안수집사회에서 주관하는 이 행사에 우리는 모두 즐거이 열심을 내서 잘 마칠 것이다. 이 일을 위해 우리는 날마다 기도로 무장한다.

화 2024-11-12
존중하기

　일주일 내내 교회에서는 많은 냄새가 났다. 크지 않은 현관 로비에 환풍 시설이 좋지 않고 바자회 준비로 많은 음식을 하고 있기 때문이다. 어쨌든, 토요일 새벽 예배를 마치고 분주하게 각자 맡은 일들을 하기에 바쁘다. 바자회는 오전 8시부터 시작이지만, 준비해야 할 것들이 많으니 8시에 로비에서 모여 시작 기도를 할 예정이다.
　8시, 목사님의 짧은 말씀 선포가 있었다.

　　나를 존중히 여기는 자를 내가 존중히 여기고
　　나를 멸시하는 자를 내가 경멸하리라(삼상 2:30).

　　여기 모인 성도 여러분!
　　함께하는 동역자들을 존중하시기 바랍니다!

　부임하시고 코로나로 인해 힘든 시간을 보내고 처음으로 하는 음식 바자회이다. 우리 교회는 음식을 잘하는 교회로 유명하다. 그만큼 음식에 내노라하는 사람이 많기에 염려가 되었던 것은 아닐지 생각한다. 각자 맡은 메뉴가 최고가 되기를 원하니, 말이 많을 수밖에 없다. 정말로 예전에 음식 하다가 부엌에서 싸움이 있었다는 소문도 있었다. 오이를 동그랗게 썰라고 했는데 길쭉하게 썰었다나 뭐라나. 아무튼 그것은 오래전에 일이었을 것이다.

가장 좋은 자리를 배정받은 호떡 자리, 텐트로 햇빛을 가리고 커다란 야외 오븐을 가져다 놓고 기름칠하며 준비를 마쳤다. 미리 주문받은 것들을 패키지하려면, 미리 만들어 놓아야 하기에 먼저 시작했다. 감사하게도 집사님 부부가 헬퍼를 자처해 주셔서 신나게 시작할 수 있었다. 어제저녁에 남편이 유명한 호떡 장수 아주머니의 반죽 기술을 전수받아 해 놓은 것이 잘 부풀어 올라 보기에 좋았다.

이번엔 두 개 5불로 책정하여 예전보다 크게 만들기로 했다. 크게 반죽을 떼어 손바닥에 넓게 피고 그 안에 소를 넣고 조물조물 뭉쳐서 불판에 놓고 호떡 누름기로 누른다. 앞뒤로 노릇노릇, 처음 것은 시식하기 위해 가위로 여러 번 잘라 앞뒤에서 요리하시는 권사님들, 집사님들에게 선을 보였다. 엄지손가락을 위로 드시며 너무 맛있다고 반죽이 기가 막히다고 하셨다. "늘 칭찬은 고래도 춤을 추게 한다"라고 했던가.

호떡을 제일 좋아하시는 담임목사님에게도, 좁은 부엌에서 일하는 육개장팀, 잔치국수팀, 한 사람, 한 사람 호떡 조각을 입에 넣어 주며 "맛있죠" 한다. 당연한 것을 물어보기는. 본격적으로 호떡을 만들다 보니 불에 닿는 부분이 많은 팔이 벌겋게 익어 보인다.

남편은 얼음을 수건에 싸서 가져와 팔에 대어 준다. 늘 고맙다. 함께 동참해 주는 동역자이다. 주변의 많은 교회에서 찾아와, 사서 가기도 하고, 교회 쉘터에서 먹기도 하여 5일장 같은 분위기였다. SNS를 통해 알린 덕분에 외국인들도 많이 온 것이었다. 호떡이 제일 먼저 'Sold out' 되었다. 에고, 아직 12시도 안 되었는데. 오후 2시까진 판매해야 하는데, 조금 더 반죽을 했다.

모든 음식이 2시 전에 다 팔려 예정 시간보다 일찍 끝이 났다. 한 건의 사고 없이 화기애애한 분위기 속에서 구제와 선교를 위한 바자회가 끝이 났다. 얼마나 팔렸는지는 중요하지 않다, 오늘 이 하루 우리를 보시며 기뻐하실 하나님의 마음을 아니까.

> 화 2024-11-19

필라 방문 1

하루의 마무리가 되어갈 즈음 바깥 풍경은 참으로 아름다웠다. 어슷어슷, 햇살의 사라짐과 황혼이 입혀지는 것을 바라본다면 감탄을 안 할 수가 없다. 보이는 순간, 한순간이 한 폭의 그림이 되고, 지나가는 과거가 된다. 우리 부부는 오래된 과거의 사람들을 만나기 위해 늦은 비행기를 타고 필라로 향했다.

필라는 우리에게 아픈 과거도 되고, 새로 부여받아 새 인생을 시작한 곳이기도 하다. 아픔은 시간이 흐름에 따라 희석이 되었고, 새 인생은 하나님을 만나 기쁨이 시작된 의미를 지녔다. 만남은 반가움과 함께 오래된 추억을 소환하였다. 남편 친구인 그들은 우리를 미국에서의 삶을 살게 해 준 뜻깊은 사람들이다.

인생은 각자 사는 것이라 미국에 오자 바로 헤어져 오랫동안 바람으로만 소식을 듣고 살았을 정도로 뜸한 사이이지만 결코 자유로울 수 없는 사이임엔 분명하다. 두 친구가 있는데, 한 친구는 아들 셋인 것이 우리와 같고, 한 친구는 딸이 셋이다. 우리 나이가 그럴 즈음이라 첫째 아이들은 다 결혼을 했고, 둘째와 셋째는 결혼을 하지 않은 것 또한 비슷했다.

함께 점심을 먹고 저녁을 먹고 다시 집으로 돌아와 밤이 깊도록 이야기의 꽃을 피웠다. 살아온 세월이 고된 만큼 할 말도 많은 것 같다. 아이들 이야기와 손자, 손녀의 이야기까지. 이야기의 끝이 없을 것 같아 내일 아침 약속을 하고는 헤어졌다. 우리의 잠자리는 아들 셋인 친구 집에서 하게 되었다. 남자끼리, 여자끼리, 새벽녘까지 이야기가 끊이지 않았다.

언제 잠들었는지 모르게 아침에 눈을 떴다. 딸 셋 친구는 먼저 약속 장소에서 우리를 기다리고 있다. 이제 헤어지면 언제 또 만날 수 있을까. 만나면 반가운 사람들. 다음을 기약하며 작별 인사를 나눴다.

우리가 이곳에 온 목적 중 하나는 아들 셋인 가정을 교회로 인도하는 것이었다. 우리보다 먼저 믿음생활을 잘하고 있었는데, 지금은 주일을 지키지 않고 있는 삶을 살고 있어 늘 기도하고 있던 가정이었다. 우리가 오면 같이 갈 아주 작은 교회를 찾아 놓겠다고 했었다. 방문한 교회는 낯선 우리들을 반갑게 맞아 주셨고 추수감사절 예배를 드리게 되었다.

교회의 담임목사님은 건강상의 문제로 한국에 나가 계셨고 근교 교회에서 초청하신 목사님의 설교에 많은 은혜를 받았다. 함께 간 그들도 은혜를 받았겠지만, 그들이 이 교회를 섬기기에는 조금 어려움이 있을 것 같다. 목사님이 당분간 부재중일 것이고, 교인들이 너무 작아 그들을 잘 인도해 줄지가 염려되었다. 예배 후 친교가 있다며 우리를 붙잡았지만, 우리가 샬롯으로 가야 하는 비행기 시간으로 인해 함께하지 못한 것이 아쉬웠다.

화 2024-11-26

필라 방문 2

24절기 중 20번째인 '소설'이 지난주 중에 있었다. 살얼음이 얼기 시작하여 겨울 기분이 들면서 따사로운 햇살이 있는 때이다. 그래서일까, 지난주보다는 조금 쌀쌀한 날씨였다. 필라를 방문하기 전에 모르는 전화번호로 전화가 왔다. 받고 보니 쓰고 있는 칼럼을 오랫동안 읽으시는 독자이며 나를 만나고 싶다고, 그래서 거기가 어디든 오시겠다고 하시는 연세가 좀 되어 보이는 할머니셨다.

나에게 꼭 할 말이 있다며 집 주소를 알려달라고 하셨다. 여기는 필라가 아니라 노스캐롤라이나이며, 운전하고 오시면 열 시간이 훨씬 넘게 걸린다고 설명했지만 막무가내셨다. 결국, 몇 주 후, 필라 방문 계획이 있으니 그럼 그때 뵙자고 하여 약속을 정했었다.

약속 장소에 가 보니 곱게 늙으신 예쁘장한 한 할머니와 마주 앉게 되었다. 나를 기억하시고 내 글을 한 번도 빼지 않고 읽으셨다니 얼마나 감동인가. 하지만, 결코 내가 보고 싶어서가 아니라, 당신이 알고 있는 성경을 내게 알려 주고 싶어 하시는 열성적인 권사님이셨다. 그것도 나와 전혀 다른 신앙관을 가진 분이셨다.

나를 당신의 성경 해석으로 하나님을 알리려 하셨다. 그때야 '아차' 싶었지만, 만남을 가졌고, 식사를 기다리는 중이었기에 최대한의 공손한 어조로 이런 이야기는 나누고 싶지 않다고 말씀드렸고, 나와 동행해 준 친구 아내가 도와주기도 하여 식사만 하고 헤어질 수 있었다.

20년 넘게 글을 썼지만 이런 일은 처음 있기도 하여 놀랐고, 연세가 있으신데 그 열정이 부럽기도 했다. 이민 와서 쭉 그곳에 살았다면, 팬들과 만남도 주선하고 그랬을까 하는 생각도 들었다. 친구 부인의 말로는 내가 연재했던 칼럼의 〈박진희의 세상 사는 이야기〉를 읽는 분이 아주 많다고 한다.

그날 주일 설교를 하셨던 목사님은 친구가 섬기던 교회의 목사님이셨다. 우리가 필라를 떠난 후에 친구 아들이 결혼식을 그 교회에서 하여 인사를 드렸던 목사님이셨다. 그래서 그 친구 이름을 대며(그 친구는 콜로라도로 이사했다) 반가움으로 인사를 드렸더니 반가워하셨다.

마침 목사님도 그 신문에 목회 칼럼을 쓰고 계셨는데 내 글을 빠짐없이 읽으신다며 어떤 사람일까 궁금했는데, 이렇게 만나게 되어 반갑다고 하셨다. 이사한 이곳은 시골이어서 그런 신문도 없고 해서 내가 글을 써서 신문에 연재되고 있는 것을 아는 사람은 없다. 부족한 나를 기억해 주는 사람들이 있다는 것에 마음이 설렌다.

수 2024-12-04

과테말라를 다녀오다 1

수요일 새벽, 비행기 시간에 맞추어 길을 나선다. 추수감사절 연휴를 어떻게 의미 있게 보낼지 생각하다가 교회 친구 남편의 유언에 따라 유산의 일부를 헌금하여 과테말라 산지에 짓고 있는 학교를 방문하기로 친구 부부와 함께 석 달 전에 약속했었다. 친구를 태우고 공항에 도착하고 수속을 마치고 나서 시계를 보니 아침 7시였다. 엄청 서두른 덕분에 약간의 여유가 있어 다행이다. 연휴다 보니 여행객이 얼마나 많은지, 주변이 온통 인파로 가득했다.

샬롯에서 두 시간 비행 후 마이애미에 내려 다시 수속을 마치고 세 시간을 더 비행했다. 마이애미 공항은 그야말로 사람들이 발 디딜 틈이 없었다. 새벽부터 움직여 과테말라에 도착하니 열두 시간이 넘어 오후 5시가 되었다. 마중 나오신 선교사님과 뜨거운 재회를 하고 숙소인 선교사님 댁에 도착하니 저녁 7시였다.

배고플 우리를 위해 저녁을 차려 놓고 공항에 오신 모양이었다. 진한 꼬리곰탕을 정신없이 먹고 늦은 시간까지 그동안에 진행 상황과 5박6일의 일정을 듣고 들뜬 마음으로 침대에 누웠다. 잠자리에 들어서도 바뀐 환경에 쉽사리 잠이 오지 않아 남편과 이런저런 이야기를 나누었다.

과테말라는 중앙아메리카에 위치한 나라이다. 인구는 1,660만 명 땅크기는 우리나라보다 조금 크거나 작거나 한다고 한다. 사는 모습은 우리나라 60년대 시내는 70년대이며 크리스천이 무려 44퍼센트에 달한다고 한다. 미국에서 가까운 곳이라 그런지 선교사님이 많다.

언제 잠이 들었는지 모르게 아침이 왔다. 씻고 내려가 보니 새벽형 친구와 남편은 이야기를 나누고 있고 선교사님이 아침 준비에 여념이 없으셨다. 70세를 넘기신 선교사님은 2년 전 하나님의 예비하심으로 만나게 되어 우리 집에서 식사를 대접한 적이 있었다. 그 후 이곳에서 만나게 되었다. 장로님으로 35년을, 선교사님으로 8년의 세월을 보내신 분이셨다.

여러 가지 과일과 계란, 토스트로 차린 아침은 풍성하다. 식사를 마치고 한창 공사 중인 학교를 방문했다. 중·고등학교를 목표로 교실과 체육관, 선교관을 짓고 있었으며 2층은 숙소로 사용될 예정이라고 했다. 50퍼센트 완공되었고 내년 7월에 준공을 계획하고 있다.

친구 남편이 낸 헌금으로는 땅만 구입할 수 있었고 그때그때 채워지는 하나님의 은혜를 만나며 짓고 있다고 말씀하셨다. 아직 필요한 재원이 많아 우리 교회를 비롯하여 선교사님을 파송한 교회도 힘이 닿는 만큼 협조해야 한다.

월 2024-12-09

과테말라를 다녀오다 2

오전 일정에 따라 학교를 짓고 있는 현장에 가기 위해 길을 나섰다. 가는 길은 동네인데도, 굽이굽이 산길에 가까웠다. 비탈길, 좁은 길, 가끔 비포장도로를 지나 드디어 도착했다. 먼저 기도를 드렸다.

"하나님이 기뻐하시는 사역이 되게 하옵소서."

공사를 하는 인부들에게 인사를 하고 선교사님은 이곳은 사무실, 이곳은 교실, 이곳은 식당 등을 설명해 주셨다. 학교 주변은 나지막한 동산이 있고 그 동산엔 다 쓰러져 가는 움막과 비닐하우스가 지어져 있었다. 좁디좁은 골목들, 수많은 개가 보였다. 이 나라에는 길거리마다 삐쩍 마른 개들이 너무 많았다.

자기 자신도 배불리 밥을 못 먹는데, 개들은 오죽할까?

내년 7월, 준공을 목표로 공사를 하고 있는 이곳,

나는 준공이 끝난 내년 7월에 다시 올 수 있을까?

하나님의 계획은 알 수 없기에, 어디로 인도하실지, 언제가 될지 묵묵히 기다리는 수밖에 없었다. 어느 나라든지, 빈부의 격차는 있을 것이다. 이곳 또한 그렇다. 조금 전에 방문했던 산동네 사람들은 못 올 것 같은 치킨 가게, 이 나라에서 유명한 브랜드 '뽀요깜뻬로' 닭튀김 가게에 들렀다. 점심시간이라 들어가려는 사람들이 줄을 서 있었다.

시내인 과테말라 시티에는 길이 많이 밀린다. 그만큼 차들이 오토바이들이 많기 때문일 것이다. 운전자들이 가장 힘들어하는 것은 오토바이들의 난폭 운행이다. 그래서 사고도 자주 난다고 했다. 가고 서고를 반복하다 우리가 도착한 곳은 십자가의 언덕이라는 곳이다. 작은 언덕이라고 하는데, 고산지대라 그런지 숨이 거칠어졌다. 커다란 십자가가 세워져 있는 데, 가 보니 과테말라 시내가 한눈에 들어왔다. 선교의 꿈을 가지고 방문하는 사람들은 아래를 내다보며 이렇게 기도할 것이다.

"이 땅을 내게 맡기소서."

그곳을 내려와 간 곳은 한국식당이었다. 이곳은 치안이 안 좋은 나라여서 조금 큰 식당들은 총을 들고 문을 지키는 군인들이 있었다. 한국 사람들은 잘 사는 사람들로 구분되어 특히 타겟이 된다고 했다. 바로 전에 섬겼던 목사님께서 이곳으로 선교, 아니 목회를 하러 오셨다. 한때 열정적으로 교회를 섬기며 기쁘게 예배를 드릴 수 있게 인도해 주셨던 목사님과 사모님, 함께 저녁 식사를 하기로 하여 이곳에 왔다.

우리가 이곳을 방문하게 된 이유 중의 하나이기도 하다. 사역지를 이곳으로 옮기고 한 번은 꼭 찾아뵙고 싶었으니까. 우리가 오는 일정과 미국에서 오는 선교팀과 날짜가 겹쳐 아쉬움은 있지만 그래도 이렇게 만나 옛정을 나눌 수 있어 너무 감동이고 반가운 만남이었다. 4년 만에 만나는 목사님과 사모님, 건강해 보이고 은혜 충만해 보여서 감사했다.

다음날엔 미국 랄리(한국 교회)에서 온 선교팀이 현지 교회에서 하는 VBS(여름성경학교)를 보게 되었다. 키가 작은 이곳 사람들, 열두 살이라고 하는데 일곱 살 정도로 보인다. 많이 먹지를 못해서일까. 그래도 앞에서 인도하는 대로 잘들 따라 했다.

그다음 날은, 두 시간을 운전하여 선교사님이 후원하시는 현지 교회를 방문했다. 6개월 동안 토요일마다 모여 성경 공부를 하고, 끝이 나서 수료증과 선물을 주기 위해 간 것이었다. 몇 해 전만 해도 천막 치고 흙바닥에서 예배를 드렸던 곳이었는데, 우리 교회를 비롯한 여러 곳의 후원으로 바다 공사와 제법 근사한 교회가 지어져 있었다.

　우리를 기다리는 이곳 교인들은 30명 안팎이었고, 선교사님의 인사가 있고 우리를 소개하는 순서가 있었다. 성경 공부를 끝낸 간증들을 듣고 몇몇 분들에게 안수기도하고 기도 제목을 나눈 후 함께 기도했다.

　어느새 밖은 캄캄한 어둠이 가득했다. 우리를 위해 준비했다는 음식은 스테이크와 감자 등이었다. 선교지에서 가장 힘들어하는 것 중 하나가 현지 음식이지만, 그래도 우리를 위해 준비했다는데 감사한 마음으로 잘 먹을 수 있어서 얼마나 다행이었는지. 늦은 시간에 선교사님 집으로 돌아왔다.

　다음날엔 전에 섬겼던 우리 목사님이 후원하시는 선교사님들을 초청하여 점심 식사를 대접하고 작은 선물권을 나누어 주는 작은 행사를 가졌다. 저녁엔 묵고 있는 선교사님을 위해 김치를 담아드리고 싶었지만, 배추가 없어서 무를 사와 깍두기를 담아 드렸다. 김치통 두 개에 꾹꾹 눌러 담은 깍두기를 받은 선교사님이 너무 행복해하셨다.

　토요일 늦은 시간, 과테말라에서의 마지막 밤을 보내기 위해 전에 섬기던 목사님 집에 도착했다. 4년 동안 못 했던 이야기들을 나누느라 우리는 새벽에야 잠자리에 들었고 그 교회에서 1부 예배를 드렸다. 아직 목사님의 열정은 식지 않았음을 보게 되었다. 사모님도 맹활약을 펼치시며 주일학교 아이들에게 말씀을 전하고 계셨다. 그 교회에 중보기도에 참석하여 선교를 위해 소리 높여 기도하고 교회 성도들이 정성껏 차린 점심을 먹고 샬롯으로 가기 위해 길을 떠났다.

월 2024-12-23

원하는 것과 원하지 않는 것

2024년, 단 일주일만을 남겨 놓았다. 지난 수요 예배에 전도서 3장으로 말씀을 전하신 것이 떠올랐다.

> 날 때가 있고 죽을 때가 있으며,
> 심을 때가 있고 심은 것을 뽑을 때가 있으며
> 죽일 때가 있고 치료 시킬 때가 있으며,
> 헐 때가 있고 세울 때가 있으며
> 울 때가 있고 웃을 때가 있으며,
> 슬퍼 할 때가 있고 춤출 때가 있으며
> 돌을 던져 버릴 때가 있고, 돌을 거둘 때가 있으며,
> 안을 때가 있고 안는 일을 멀리 할 때가 있으며,
> 찾을 때가 있고 잃을 때가 있으며,
> 지킬 때가 있고 버릴 때가 있으며
> 찢을 때가 있고 꿰맬 때가 있으며,
> 잠잠할 때가 있고 말할 때가 있으며
> 사랑할 때가 있고 미워할 때가 있으며,
> 전쟁할 때가 있고 평화 할 때가 있느니라(전 3:2-8).

앞의 말씀은 우리가 원하는 것이고, 뒤의 말씀은 우리가 원하지 않는 것이다. 한 해를 살아오며 나는 얼마나 원하는 것만을 추구하며 살았는지 생각해 보기로 했다. 손님들에게도 내가 아는 것만을 원하고, 아들들에게도, 내가 원하는 것만 해 달라고 하고 남편에겐 나만 이해해 달라고 하고, 교회 안에서도 내가 주장하는 일만 한 것 같다.

늘 12월이 되어야 살아온 시간을 뒤돌아보며 후회하는 것 같다. 후회하며 사는 것이 우리의 인생사라는 말을 들은 적이 있다. 만족하는 삶만 산다면, 우리는 현실에만 안주하고 살게 될 것이다. 실수하며, 다시 회복하며 내일을 다시 살아 내는 것이다.

믿는 믿음으로 매일 하나님과 동행한다면 더욱 내일이 기다려질 것이다. 하루를 살아 내고, 또 그렇게 하루하루를 살아가다 보면 우리는 믿음의 자녀로 한발 앞으로 나아갈 것이다. 내가 원하는 것만 바라지 않고 다른 이들이 원하는 것을 함께 나누는 내일이 되기를 소망해 본다.

화 2024-12-31

어떤 날들이 나를 기다리고 있을까?

일 년 중에 단 하루를 남겨 놓은 밤이 깊어 가고 있었다. 아까 낮에 보았던 하늘이 불현듯이 생각이 났다. 구름 한 점 없이 푸르기만 했던 하늘, 그 하늘처럼 내 인생도 막 힘없이 푸르기만 했으면 하는 바람을 가져본다.

12월을 시작하며 내 마음은 너무 분주했다. 그 이유는 브라질에 사시는 큰언니 가족이 미국 여행을 오시겠다고 몇 달 전에 알려 주셨는데, 어느새 그날이 왔기 때문이다. 큰언니의 큰딸과 그 딸의 두 딸, 그리고 둘째 딸의 딸과 아들, 그리고 셋째 딸, 모두 7명. 우리 식구까지 11명이 합숙 생활을 열흘 동안 하게 되었다.

매일 외출하고 밥 먹고, 외식할 곳이 마땅치 않은 이 동네 덕분에 나의 요리 실력을 조카들에게 손자, 손녀들에게 충분히 보여줄 수 있었다. 그렇게 지지고 볶으며 추억을 만들며 열흘이 지나갔고, 그들과 공항에서 다음을 기약하며 헤어졌다. 몇 시간 후에는 큰아들네 식구들과 며느리의 부모님, 사돈 부부까지 크리스마스를 우리랑 보내시겠다고 오셨다. 와우. 말 그대로 '다사다난' 했던 해임은 분명했다.

우리 집엔 큰아들네에 아들이 태어나 내게 손자로 보내 주셨다. 두 아들은 별 탈 없이 자기들의 일에 충실하며 살았다. 우리 내외에게는 하나님의 은혜로 아팠던 곳들을 치료하며 보내 주시는 선교지를 두 번 다녀올 수 있었다.

하지만, 며느리네 집에는 우환이 며칠 전에 찾아왔다. 크리스마스 연휴를 맞이해 큰아들 내외와 손녀, 장인 장모를 모시고 디즈니 월드를 갔다. 6개월 된 손자를 우리에게 맡기고. 여행 간 그곳에서 오래전 발병되었지만 치료하지 못했던 담석으로 인해 갑자기 수술을 받게 되었다.

  아직 중환자실에 계시는 사돈을 보살펴야 하는 며느리는 엄마와 함께 올랜도에 있고 아들만 손녀를 데리고 집으로 오게 되었다. 일주일가량 입원을 하여야 한다니 어려운 상황이었다. 사돈 부부에게는 딸인 며느리가 보호자이며, 통역사의 역할까지 해야 한다. 우리 며느리가 얼마나 힘들까. 우리는 기도할 수 있으니 얼마나 감사한가. 그들을 위해 오늘 새벽에도 기도했다.

  내년이라는 2025년!

  지금처럼, 나를 인도하실 주님께 모두 맡기고 살아 보자.

제3부

2025년 이야기

월 2025-01-06

배려

때 아닌 것은 없지만, 눈이 와야 할 날씨인데도 언젠가부터 겨울비가 거리를 적시고 있었다. 1월 첫 주 주일 예배를 은혜 가운데 하루를 보냈다. 올해 내 사역지는 교회였고, 그 안에서 예배부를 맡게 되었다. 작년까지는 1부 성가대를 섬기고 끝나면 집으로 와서 밀린 일주일치 일을 하며 보냈다면 이제는 2부 예배가 끝날 때까지 있어 주일 마무리를 해야 한다.

하나님께서 찾으시는 그 사람, 예배자!

예배는 믿는 모든 사람에게 가장 중요한 시간일 것이라 확신한다. 매 예배 시간이 중요하겠지만, 주일 예배는 특히 중요한 날임을 강조하고 싶다. 예배자, 그 예배자들이 깊이 하나님을 만날 수 있도록 준비하는 것이 예배부가 할 일이다.

본당 안의 정리정돈, 대표 기도하시는 장로님을 안내하고 성도들을 차례차례 안내하여 의자에 앉게 하고 설교하시는 목사님의 물을 가져다 놓고, 예배 참석자 이름을 확인하는 등 해야 할 일이 많았다. 1부 예배 때는 예배드리는 성도 수가 그리 많지 않아 어렵지 않지만 2부 예배 때는 그야말로 눈코 뜰 새 없이 바빴다. 예전에 예배부를 몇 년간 섬겨 보았는데도 다시 하려고 하니 새롭고 바쁘다, 다음 주에는 조금 나아지겠지 싶었다.

교회 일을 혼자 다 하려고 하면 나중에 번아웃되는 것을 여러 번 보아 온 터라 함께 일하실 만한 집사님께 부탁했다. 예배 40분 전에 오신 집사님과 기도를 하고 오늘 처음으로 호흡을 맞추었다. 처음 교회 일을 하시는 집사님이지만 낯설어하지 않고 잘하시는 모습이어서 참 감사했다.

이 모든 교회의 일들은 예배자를 위한 배려라 볼 수 있었다. 늦게 오는 성도들을 위해 안쪽부터 앉게 하는 것 안 오신 성도들을 파악하여 교회 소식을 전달할 수 있게 하는 것, 이러한 배려가 교회의 한 일원임을 인식시켜 주는 것이 중요한 것 같다.

푸른 동산 어른들(교회에 70세 이상의 선교회)을 위해 가까운 주차 공간을 기꺼이 양보하고 먼 곳에 주차하는 것도 하나의 배려가 될 것이다. 화장실을 사용하고 끝이 보이는 화장지를 새 화장지로 바꾸어 놓는 것 또한 배려이다. 드러나지 않지만, 마음에 감동을 주는 행동이 배려이다. 나의 올 한 해는 이런 배려를 실천하여 작게나마 하나님께 영광 돌리는 예배자로 살자고 다짐한다.

화 2025-01-14

새롭게 시작하기

오랜 시간 미국에서 살았지만 이렇게 길게 강추위가 계속되는 것은 처음인 것 같다. 삼한사온을 잘 지켜 3일은 춥고 4일은 따뜻한 날씨를 지켜왔다고 생각했는데 어찌 된 일인지 벌써 20일 가까이 강추위가 계속되어 아주 조금이지만 눈발까지 날렸다.

추운 곳에서 사시는 분들이야 겨울이면 당연하다고 하겠지만 이곳은 얼마 전에 내린 눈발이 4년 만에 보는 눈발이었을 정도로 따뜻한 곳이기 때문에 요즘 날씨가 이슈가 되고 있었다. 아직 일주일가량 이런 추위가 계속된다고 하니 저절로 움츠러든다.

날씨도 추운데 들리는 뉴스들은 안팎으로 너무 심란한 소식들이다. 조국의 정치 소식이 그렇고, 지금도 진화 작업이 계속되고 있는 LA 산불 소식이 그렇다. 지난해 12월 큰언니네 많은 식구들과 큰아들 식구들이 내 정신을 쏙 빼놓아 너무 정신없이 보내서인지 새해를 맞이했지만, 정신이 몽롱한 상태가 계속됨을 느끼기에 뭔가 새로운 기운이 필요함을 느낀다.

이럴 때 교회에서라도 영차영차 할 일들이 있었으면 하지만, 작년 복잡함 그대로다. 이럴 땐 교회의 사역이 한 사람만의 노력으로는 안 된다는 것을 새삼 느끼게 된다. 그저, 주일에 예배를 드리고 식사하고 헤어지고 다음 주에 또 만나서 반갑게 인사하고 예배드리고. 나는 행복하고, 신나는 예배생활, 믿음생활을 하고 싶고 그런 꿈을 꾼다.

나이별로 있었던 선교회가, 사람들이 없어 1선교회, 2선교회로 밖에 나눌 수 없음이 막막함을 주고 놀이터를 채웠던 아이들은 이제 몇몇 아이들이 왠지 신나 보이지 않는다. 우리 나이 아래 세대들이 없다. 한참

일할 50대가 자기들의 비전을 찾아 다른 교회들로 옮겨 갔다. 내가 교육했던, 내가 새교우팀에서 공들여 정착시켰던 그들이 그들의 꿈을 찾아 떠난 것이다.

　교회를 불쌍히 여겨 달라고 기도하는 사람들이 많아지기를 기도한다. 교회를 책임지고 이끌어 가는 당회 장로님들이 무엇이 중요한가를 생각하길 기도한다. 교회를 사랑하는 성도들이 예배를 뜨겁게 드리기를 기도한다. 교회를 섬기는 목사님들이 성도들을 부지런히 깊이 있는 말씀으로 양육하기를 기도한다. 하나님께서 찾으시는 예배자가 내가 되는 그날까지 기도하길 원한다.

화 2025-01-21

고드름이 얼었다

이곳에 이사 오고 처음 있는 일이다. 고드름이 얼고, 받아 놓은 물이 얼었다. 움츠리고, 바쁜 걸음으로 걸어 다니는 모든 사람이 왠지 위태로워 보였다. 새로운 대통령 출범으로 온 세계가 이목을 집중하는 것도 보았다. 어떤 이에게는 새로운 희망이 되겠으나, 또 어떤 이들은 불편한 마음으로 지켜보았을 것이다. 그래도 우리는 살아갈 것이다. 살아 내야 하기에 나와 맞지 않아도, 꾸역꾸역 아침이면 일어나고 저녁이 되면, 다시 잠을 청하고. 쨍하고 해 뜬 날을 기다리며 살아 낼 것이다.

첫 순모임을 순장인 우리 집에서 했다. 열네 명 전원이 모두 참석했다. 권사 직분을 받았으니, 순종을 하는 마음으로 순장직을 받았다. 순원이 정해지고 뚜껑을 열고 보니, 놀랍게도 장로가 다섯 명, 권사가 나까지 다섯 명이었다. 젊은 사람은 아무도 없었고 나보다 어린 사람은 두 명뿐이었다. 안 그래도 헌신하려고 했는데, 어쩔 수 없이 헌신 그 자체가 되었다.

손님맞이 청소부터 음식 준비까지 정성을 다했다. 인원이 많아 한 자리로는 부족할 듯하여 두 군데로 식탁을 차렸다. 구수한 차를 끓이고, 과일을 보기 좋게 담아 다른 곳에 두고, 시간이 되니 한 사람씩 모이기 시작했다. 성적이 아주 좋다. 늦는 사람 없이 제시간에 식탁에 앉았다. 연장자이신 장로님의 기도로 식사를 시작하고 디저트 과일을 먹으며 첫 순모임이 시작되었다.

나의 첫인사.

"모두 참석해 주셔서 너무 감사합니다. 음식들은 입맛에 맞으셨는지 모르겠네요. 9순의 순장을 맡은 박진희입니다."

일어나서 꾸벅 인사하니 모두 박수로 어색해 하는 나를 위로했다.

"그동안 하셨던 순모임과는 조금 색다른 순모임을 하고 싶습니다. 모두 연장자이시니, 많이 도와주세요. 올 한 해 우리 순은 서로에게 많은 사랑의 관심과 사랑 나눔, 고민 나눔으로 하나님을 기쁘시게 하는 순모임이 되길 소원합니다. 기도 제목 나누어 주시면 정리해서 카톡방에 월요일마다 올리겠습니다."

모인 순원들은 맛있는 저녁을 먹고 과일을 먹으며 담소를 이어갔고, 각자의 기도 제목들을 이야기했다. 나는 이를 꼼꼼히 받아 적었고, 월요일 아침에 보다 상세히 정리하여 모두에게 나누었다.

이렇듯 매일 그들을 위해 기도를 한다면 그들도 나를 위해 기도할 것이다. 각 가정마다 가지고 있는 문제들, 그것을 문제로 여기지 않고 하나님께 아뢰겠다니 얼마나 감사한 일인가 싶었다. 조금 더 마음의 문을 열고 이야기한다면, 아픔을 치유하는 순모임이 되기를 간절히 기대해 본다. 토요일 오후 4시에 만나 어느새 저녁 8시가 지났다. 내 말에 귀 기울여 주는 사람들이 있어 시간 가는 줄 모르고 즐거워했다. 2025년 새로 만나게 하신 이들과 기뻐하며 즐거워하며 살아갈 것이다.

화 2025-01-28

사랑의 편지

사랑하는 동역자 홍 목사님과 노 선교사님께,

안녕하세요, 2025년 새해가 시작되고 어느새 한 달여간에 시간이 흘렀습니다. 작년 7월에 뵙고 인사가 늦었습니다. 보내 주신 선교 소식은 동영상을 통해 잘 보았습니다. 작년에 학교를 보고 왔을 때보다 훨씬 안정적으로 보이고 교실들도 예쁘고, 학교 담장의 색 또한 따뜻한 느낌을 주어 좋았습니다. 저희가 힘을 보태어 협동 선교사로 섬기고자 마음먹고 준비 중에 있었지만, 아직 하나님의 때가 아닌지 준비를 시작조차 하지 못하고 있어 마음이 늘 무겁습니다.

학교 사역이 처음이신 두 분의 순종은 당연한 듯하면서도, 저희에게는 부러움이 됩니다. 문제를 문제라 여기지 않고 하나하나 해결해 나가시는 모습에서 하나님의 계획하심을 느낍니다. 하나님의 계획하심에는 실수가 없으시다고 하시니 볼리비아를 향한 하나님의 큰 사랑을 보게 됩니다. 아이들을 위해 수영장을 만들고, 담장 보수공사를 하시고, 학교 주변의 도로 바닥을 고르는 모든 일이 버거우실 터인데 사명이라 생각하시고 묵묵히 진행하시니 하나님이 기뻐하실 것이라 믿습니다. 볼리비아 전 지역에 현지인 300명 선교사를 보내는 것이 두 분의 사명인 것을 알기에 헌신하기로 한 청년들에게 하나님이 주시는 큰 위로와 기쁨이 있기를 늘 기도합니다.

청년들이었는데 선교사를 꿈꾸게 된 세 아드님도 잘 지내고 있죠? 부영이, 부선이, 부희. 그들을 위해 늘 기도합니다. 학교에 등록되어 다니는 아이들의 교육을 위해 선생님들이 컴퓨터가 필요하다는 협조 요청문은 잘 받았습니다. 교회에서 광고를 하고 성도님들의 협조를 기다리고 있습니다. 누구의 마음을 만지실지는 모르겠지만, 반드시 보낼 수 있으리라 짐작합니다. 이제 더운 날들과 새 학기가 시작될 터인데 계획하는 학교 수업과 선생님들을 위해 중보기도 하겠습니다.

 작년에 고아원을 방문했을 때 만났던 아이들을 위해서도 기도의 끈을 놓지 않고 있습니다. 목사님과 선교사님의 사역과 건강을 위해서도 기도하고 있습니다. 함께 동역하고 있는 미래의 선교사님과 학교 선생님들을 위해서도, 아직 믿음이 없는 학교 학생들과 학부모들의 구원을 위해서도 기도합니다. 이렇게 기도로 두 분을 응원하고 있습니다. 든든한 동역자가 되겠습니다. 늘 건강 챙기시고, 휴식도 사역임을 꼭 기억하시길 바랍니다. 다시 만나 뵐 그때까지 편안하시고 강령하세요.

화 2025-02-04

바라는 것에 실상

꽁꽁 얼었던 날씨가 풀리면서 가게 문을 활짝 열어 놓았다. 들어오는 손님마다 'Beautiful'을 외쳤다. 아직은 먼 봄을 기대하며 가게에서의 하루를 시작했다. 춥다는 이유로 게을러져 운동을 쉬고 있던 나에게 말했다.

"이렇게 게으름 피우면 늙어서 고생해."

결국, "그래 운동해야지" 한다. 주일에는 며칠 전 구입한, 마음에 쏙 드는 니트 원피스를 입었다. 계속되었던 나의 다이어트 성과를 드러내는 순간이었다. 많은 사람이 "너무 예쁘다", "잘 어울린다", "살을 많이 뺀 것 같다" 등 칭찬을 쏟아 내는 바람에 혹시 예전 내 모습이 그리 보기 흉했나 싶기도 했다. 이것이 바라던 바의 실상이었다.

우리는 너무 바라고 기대하는 것이 많다. 기대가 크면 실망이 크다는 생각을 늘 하지만, 그래도 늘 기대하게 된다. 그래서 매일 아침, 체중계 위에 몸을 올린다. 예전에 어느 권사님이 하던 말이 생각난다. 나이가 어느 정도 차면 살이 찌지 않는다고, 그러니 너무 스트레스받지 말라고 하셨었는데 이제 그 나이가 된 건가 싶었다. 나도 벌써 6학년 2반이 되었으니 말이다.

사람에 대한 기대와 바람은 또 어떠한가?

우리는 매일 만나는 사람들을 만나고, 그들을 통해 세상 사는 것을 배운다. 우리 남편은 자상하고 사랑이 참 많은 사람이다. 나에게도 그렇지만 다른 사람, 특히 교인들에게도 친절하고, 표현도 많이 하는 장로님이다. 하지만, 그에게도 연약한 단점이 있어 나를 힘들게 하는 부분이 있다. 물론, 다 이야기할 수는 없지만 말이다.

어제는 갑자기 남편이 이렇게 말했다.

"나 어제 회개 많이 했어, 교회에 대한 불만을 당신에게, 또 다른 장로들에게 말하는 것이 하나님이 싫어하신다는 마음을 '쿵' 하고 주셔서 이제는 말하는 대신 그때그때 기도할 거니까, 내 입에서 불평의 소리를 하면 당신이 내 입에 손바닥을 대, 알았지?"

그것은 내 기도의 응답이어서 너무 감사했다. 며칠 전에도 그런 일 때문에 언성을 높였던 기억이 생생했기 때문이다.

"너무너무 감사하네."

이렇게 하며 남편의 엉덩이를 툭툭 두드렸다.

"자기 아주 멋져!

엄지척!"

이렇게 엄지손가락을 치켜세웠다. 이 또한 내가 바라던 바의 실상이다. 둘째 아들에게 바라는 것이 있고 막내아들에게도 바라는 것이 있지만, 예전처럼 말로 해서 서로 마음 상하지 않게 한다. 하나님께 다 일러바치면, 하나님이 해결하실 것을 알기 때문이다.

화 2024-02-11

해냈다

새벽길은 언제나 상쾌함도 있지만, 어두움에 긴장하게 된다. 아침 예배 후에 하는 여섯 바퀴 조깅은 좋은 마음도 주지만, 동시에 할까, 말까를 고민하게 만든다. 그 이유는 반찬 만드는 시간이 없을까봐이다.

제일 먼저 가는 막내 도시락을 제때 줄 수 있을까?

주차장에 세웠으니, 이미 시작된 것이다. 네 바퀴, 점점 다리가 무거워지고 온갖 불평이 나를 흔든다.

"왜 이렇게 힘들지?

다리가 천근이네. 좀 더 힘내야 하는데."

그러면서도 다섯 바퀴째 하는 기도를 하고 있다.

"아, 정말 오늘은 다섯 바퀴만 하자, 지난 금요일하고 사흘 만에 하니까 힘들다. 내일은 괜찮을 거야."

"아니야, 그래도 끝까지 하자. 여섯 바퀴에 하는 나를 위한 기도도 중요하니까 끝까지 하자."

이런 마음과 싸움을 하며 빠른 걸음으로 걷기도 하고, 뛰는 것이지만 천천히 뛰는 슬로우 조깅을 오늘도 해냈다.

"잘했어 진희야, 오늘 나와의 싸움에서 이긴 거야!"

나만의 승리를 외치고 집에 도착했다. 어젯밤에 미리 끓여 놓은 등갈비 김치찜을 담고, 계란후라이 두 개와 긴 소시지 하나를 돌려 가며 구워 막내 도시락을 쌌다.

막내는 'Travel Nurse'로 병원에서 일하는 간호사이다. 그것을 하기 위해 다른 친구들보다 더 많은 시간을 공부해야 했고, 시간을 더 투자해야 했다. 그래서 자기 일에 더 자신감이 있는 듯하다. 6년 정도 공부하며 때

때론 너무 힘들다며 눈물 콧물 쏟아 내더니 결국 해냈다. 인턴을 거쳐 드디어 지난달부터 자기를 필요로 하는 병원에서 일을 하게 된 것이다.

'Travel Nurse'란 병원 정규직 간호사가 아닌 에이전시 소속 간호사로 일을 하게 되는 것이다. 기간은 4주에서 6개월까지 다양한데, 가장 흔하게 볼 수 있는 예약 기간은 13주이다. 막내가 처음 이런 간호사를 한다고 했을 때 조금 걱정을 했지만, 자세히 알고 나니 간호사가 턱없이 부족한 미국에서는 굉장히 인기 있는 직업임을 알게 되었다. 정규보다 세금 감액도 많고 무엇보다 시급이 점점 높아지며 일할 곳을 자기가 선택할 수 있다는 점이다.

여기저기 많은 곳을 가 볼 수 있고, 경험도 많이 할 수 있으니, 아직 어리다고 할 수 있는(곧 24살이 되니) 나이에 좋은 기회라고 생각했다. 집에서 50마일 이상 멀어야 하므로 한 시간 정도 운전해야 하는 거리인데, 오고 가는 길에 찬양을 들으며 다닌다고 하니 감사하다.

월 2025-02-17

나 어느 곳에 있든지

토요일 아침, 늘 하던 대로 꽃을 사기 위해 문 열기를 기다렸다. 가장 먼저 원하는 꽃을 사기 위해서였다. 원했던 디자인으로 꽃꽂이를 하고, 남편과 길을 나섰다. 다운타운에 위치한 노숙인들을 위한 쉘터에서 점심 봉사를 하기 위해서였다. 이곳은 1957년에 세워진 건물로서 잠자리와 먹을 것을 제공하여 일자리를 지키기 위해 노력하는 이들의 삶의 공간이다. 처음에는 공무원들이 그들을 도왔으나, 언젠가부터는 교회 선교팀들이 매일, 매주 그리고 격주를 나누어 봉사하는 곳이 되었다.

우리 교회도 몇 년 전에는 격주로 남녀 선교팀이 봉사를 했었지만, 코로나로 인해 모든 것이 문을 닫았을 때부터 하지 못했던 봉사를 올해부터 다시 시작하게 되었다. 전 교인을 대상으로 하는 봉사였고, 주관하는 팀은 선교부였지만 마음이 동하는 모든 이가 참석할 수 있었다. 그날, 토요일 11시 연세가 있으신 장로님 몇 분과 권사님들, 집사님 몇 분, 그리고 아버지와 동행한 유스(Youth) 아이 한 명이 모였다.

〈온 세상 위하여〉

온 세상 위하여 주 은혜 임하니
주 예수 이름 힘입어 이 복음 전하자
먼 곳에 나가서 전하지 못해도
나 어느 곳에 있든지 늘 기도 힘쓰리
전하고 기도해 매일 증인 되리라
세상 모든 사람 다 듣고 그 사랑 알도록

늘 오던 사람들과 처음으로 온 젊은 집사님들, 이 일을 하기에는 충분한 인원이었다. 여러 번 와 본 부엌이라 익숙했다. 늘 하던 메뉴는 참치와 치킨샌드위치였다. 미리 장 본 야채를 손질하고, 캔에 들어 있는 참치와 치킨을 깡통에서 빼내어 물을 빼냈다. 야채와 마요네즈를 넣어 버무리면 빵에 들어갈 재료는 끝이었다. 빵을 가로로 썰어두고, 이제 미국 라면을 네 등분 하여 삶아 건져내고, 물에 스프를 넣고 끓여 부어 주면 된다. 거의 국처럼 수저로 떠먹게 하는 방식이었다.

　배식은 오후 12시부터 1시까지였다. 일회용 접시에 샌드위치, 과일(포도) 칩 한 봉지, 디저트 한 가지를 담으니 이렇게 푸짐한 1인분의 점심이 되었다. 약 200명에서 250명분을 준비했으니 작은 일은 아니었다.

　각자 자리를 지키며 분주하게 움직였다. 참치 팀, 치킨 팀, 빵에 샐러드를 넣는 팀, 한 사람은 로메인을 넣어 잘 눌러 두 조각을 내어 접시에 담아주면, 다음 사람은 과일을, 다음 사람은 칩, 다음 사람은 라면에 물을 부어 주고, 다음 사람은 디저트를 순서대로 담당했다. 다른 한 사람은 두 가지 중 한 가지를 택하면 집어 주는 순서였다. 한꺼번에 몰려오기 때문에 고개 들어 쳐다볼 시간도 없이 일이 진행되었다.

　뜸하다 싶으면 어느새 재료는 바닥을 보이며 어느새 1시를 가리킨다. 즐거운 마음으로 신나게 몸으로 우리는 하나님의 복음을 전했다. 돌아오는 길에 교회에 들러 지난주 꽃은 밖으로 내놓고 새로 한 꽃을 성전에 놓았다. 오늘도 나만의 예배를 드렸다.

화 2025-02-25

생각이 다른 사람이 모여서

따뜻한 날씨만큼 사람의 마음을 들뜨게 하는 것은 드물다. 날씨에 영향을 많이 받는 사람일수록 이렇게 화창한 날씨를 보면 벌써 봄인가 싶었다. 이렇게 좋은 날, 한 시간가량 운전하여 장로님 댁으로 봄 소풍을 가듯 순모임을 간다. 일찍 모여 오래 놀고 오려고 오후 1시에 만나기로 했다. 권사님께서 직접 빚은 만두에 떡을 넣어 떡만둣국을 해 주시겠다고 했다. 드릴 화분 하나 챙기고, 같이 먹을 과일도 준비했다.

먼 길 가는데, 주위에 사시는 집사님 가정과 같이 가기로 되어 있어서 더 들뜨는 것 같았다. 우리와 비슷한 나이이다. 아이가 없어서인지 애완견을 자식처럼 애지중지하는 부부였다. 먼 곳에서 이사를 오신 가정이었는데, 처음엔 좀 그랬지만 오래 같이 신앙생활을 하다 보니 모든 게 이해되고 안쓰러운 마음에 더 신경 쓰는 가정이 되었다. 이런저런 이야기를 하며 시골길을 한참 달리다 보니 어느새 장로님 댁에 도착했다.

이 먼 곳에서 40년 동안 교회를 섬기신 장로님과 권사님을 보니 하나님이 기뻐하셨을 것 같다. 이미 와 계신 분들과 만남의 기쁨을 나누고, 이야기를 나누다 보니 오실 순원들은 다 와 있었다. 식탁에 음식이 가득하다. 떡만둣국 하신다고 아무것도 해 오지 말라고 하셨는데, 누구는 디저트로 모찌를, 오방떡을, 해물전에 잡채까지. 사랑이 풍성하다. 식사를 마치고, 남자분들은 거실로 모여 이야기를 나누며 권사님들과 여집사님들은 식탁에 앉아 이야기에 꽃을 피웠다.

방문한 권사님 앞마당에 달래가 많이 있어 캐도 되냐고 물었더니 있는 거 다 캐 가라고 하셨다. 비닐봉지와 칼 하나씩을 가지고 앞마당에 나가 달래를 원도 없이 캤다. 다듬을 생각하면 근심이 되지만, 쉽게 맞볼 수 없는 봄나물을 먹는다는 생각에 기쁘다. 순모임 교재로 사무엘상 17장 다 읽고 몇몇 질문에 답하며 은혜받은 이야기들을 나눴다.

한 권사님은 기도했던 것이 응답되었다며 기뻐하셨고, 순원들을 생각하며 기도했더니 하루하루가 기쁘다고 간증하셨다. 참석을 못하신 분들의 기도 제목까지 다 받아 적고 함께 통성으로 각 가정을 위해 기도하고 마무리 기도를 끝내고 보니 어느새 오후 5시였다.

권사님께서 밥을 해 놓은 것이 너무 많으니 저녁까지 먹고 가라고 하여 신김치를 썰어 넣고 잡채도 넣어서 뚝딱 '박진희 표 김치볶음밥'을 했다. 집에 가서 또 저녁 준비를 하느니 간단하게 한 숟가락씩 먹자며 한 김치볶음밥이었다. 모두 바닥을 보이고 일어섰다. 밖은 이미 어둑어둑, 시골이라서 더 빨리 어두워지는 듯했다. 나보다 모두 연장자이신 순원들이었지만, 막내인 순장 말에 잘 따라 주어 너무 감사하다.

화 2025-03-04

자기연민에 빠진 나!

만물이 잠에서 깨어난다는 경칩이 내일이다. 순리에 맞게 시간이 흐르고 있음이 새삼 감사하다. 오십에서 육십으로 넘어오던 찰나, 나는 사대 성인병에 합류하게 되었다. 그때도 심리적으로 얼마나 힘들었는지 몇 년이 지난 지금도 생생하다. 슬픈 나날을 보냈었다. 시간이 약이라고 약 먹는 것에 집중하기보다는 '어차피 먹을 거 친구와 함께 간다' 생각하기로 마음을 먹었던 기억이다. 그 후로 걷는 운동을 예전보다는 더 열심히 하려고 애썼다.

아직 꾸준히 관리하며 지낸 것 같았는데, 정기 점검을 받고 보니 그렇지가 않았다. 당은 조절이 되지 않아 수치가 위험 단계에 가 있고 그 얼마 전부터는 잠잘 때 두 다리에 경련이 자주 일어나 그 고통에 남편을 깨우기 일쑤였다. 그래서 약이 한 가지 더 추가되었고, 당이 높으니 염증도 자주 생겨 또 약이 추가되었다. 또한, 목감기가 1월쯤에 기침이 시작되었는데 2월 끝이 보이는데도 마른기침이 너무 심해 밤마다 잠을 설치게 되어 병원을 찾으니, 알레르기 같다며 또 한 가지의 약이 추가되었다.

아, 어쩌란 말인가!

어느 날 밤, 평상시처럼 잠자기 전에 먹는 약을 먹으려고 종류별로 꺼내다 보니 여섯 알이나 되었다. 자려고 잠자리에 들었는데, 이렇게 약에 의존해서 사는 것이 힘들다는 생각과 함께 내가 죽으면 우리 큰아들이 얼마나 슬피 울까. 동혁이는 눈물도 많은 아이이니 더 많이 울겠지. 막내는 또 어떨까가 생각나며 눈물이 터졌고 주체할 수 없어 꺼이꺼이 울었다.

잠자고 있던 남편이 놀라서 일어나며 왜 그러냐고 물었고, 나는 너무 슬퍼서 또 꺼이꺼이 울었다. 오후 4시에 저녁을 먹고 거의 빈속에 약을 먹어서인지 속이 안 좋아 마지막 쓴 물까지 다 내놓게 되었다. 아내가 안 좋아 보이니 걱정이 되어 남편은 거실로 나가고 나는 애써 잠을 청했지만, 자주 깨는 바람에 나 또한 잠을 설쳐서 아침 예배도 못 갔다. 가게는 가야 하고, 도시락도 싸야 하고, 하루가 시작되었지만 우울한 마음은 감출 수가 없다.
　이런 것이 자기연민인가?
　아침마다 만나는 권사님이 어디 아프냐고 카톡이 와서 그렇다고 하니 이렇게 말씀하셨다.
　"토요일 바자회로 또 힘들 텐데 어째요."
　나는 이렇게 대답했다.
　"교회 일을 하면 힘이 나겠지요."
　나를 지켜 주시는 분이 있는데 무슨 걱정이냐며, 걱정 뚝!

화 2025-03-11

작은 정성이 모여

따뜻한 날씨를 허락하심을 감사합니다, 주님!

컨디션이 좋지 않았던 며칠이 지나 드디어 바자회 날이 밝았다. 이번 바자회는 한국 호남지방에서 선교하시다가 은퇴하시고 미국으로 돌아오신 선교사님들이 모여 사시는 블랙마운틴에서 작년 늦은 여름, 강한 허리케인으로 인해 큰 피해를 입으신 선교사님들을 돕기 위한 바자회였다.

그중에는 한국에서 태어나시고 한국말도 능통하신 2세대 선교사님도 계셨는데, 북한에 우물 파주기 운동을 하시는 분이셨다. 선교 작정 주일이었던 1월에 오셔서 북한에 대한 마음을 목소리 높여 외치셨고, 이번 바자회는 그분을 돕겠다는 취지이기도 했다.

유스(Youth) 아이들에게도 그 선교사님의 마음이 전달되었는지, 음료수를 팔겠다고 준비했다. 어제까지 음식 준비로 바빴다면 오늘은 판매하기 위한 날이다. 즉석에서 하는 메뉴는 새벽부터 분주하다. 온라인 주문이 많아서 미리 만들어 놓아야 했기에 나는 아침 8시부터 호떡 만들기 시작했다.

"터지지 않고 모양도 예쁘게 만들기!"

이것을 구호로 삼고, 협력하는 몇 사람이 반죽에 미리 만들어 놓은 소를 넣어 주면 나는 둥근 누르기로 꾹 눌러 모양을 잡고, 앞뒤로 노릇노릇하게 구워 주면 완성이다. 미리 주문한 것들을 마친 후에는 나들이 겸 교회로 오시는 분들을 위해 호떡을 만들며 호객행위도 했다.

"맛있는 호떡 있어요, 호떡 사세요!"

페이스북에 광고해서인지 외국 손님들도 눈에 띈다. 내 옆 부스에서는 떡볶이와 어묵, 그 옆은 양념치킨, 그 옆은 팥죽, 고구마 맛탕이다. 교회 로비에서는 비빔밥, 돈가스, 불고기 정식이 판매되고 있었다. 정말 많은 사람이 와 주었다. 먹을 것을 구입하기도하고 기부로 이 바자회를 지지해 주는 몇몇 분들도 있어 더 큰 감동이 있었다.

　주일날, 한국말을 잘하시는 미국 선교사님 James Linton께서 유스 아이들에게 말씀을 전하셨고 그 자리에서 구호금을 전달하는 전달식이 있었다. 10,000불이 조금 넘는 돈을 전달했고 수고한 모두가 기뻐했으며 선교사님도 많이 기뻐하시며 북한 땅을 위해 계속 기도해 줄 것을 부탁하셨다. 이번 기회로 우리 성도들의 마음에 북한을 향한 관심이 깊어지길 바라본다.

화 2025-03-18

후회 없는 삶 만들기

　어느새 3월의 중순이고, 밤과 낮의 길이가 같아지는 절기 춘분이 내일 모레이다. 몸이 아프다는 이유로 많이 게을러지고, 많이 나태해진 나를 보게 된다. 이럴 때 가장 눈에 띄는 것은 초록이들의 초라함이다. 몇 주를 기운 없이 의욕 없이 지냈더니 나타나는 현상이 눈에 보인다. 그런 시간을 보내다 보니, 미리 약속된 큰아들 내외와 손녀, 손자가 오는 금요일이 다가온다.

　갑자기 자리에서 벌떡 일어나 엄마로서, 할머니로서 준비해야 할 것들이 생각나 몸으로 움직이며 다시 활력을 찾아간다. 2박 3일의 정신없이 바쁘고, 행복한 시간이 흘러가고, 주일 예배가 끝나고 모두 돌아갔다. 한바탕의 쓰나미가 지나간 것 같다. 함께 자고 함께 먹고, 함께하던 시간이 언제였나 싶게 지나갔다.

　우리가 아이들 집에 방문하는 것은 아침에 갔다가 저녁에 집으로 돌아오는 일정이라 조금은 아쉽지만 간단하다. 하지만, 그 아이들이 모두 오게 되면 잠자리부터 몇 차례 끼니를 챙겨야 하니 행복하면서도 바쁜 주말이었다. 눈에 넣어도 아프지 않을 손녀 세희는 찰랑찰랑거리는 머리, 윤곽이 뚜렷해 미모를 자랑한다. 물론, 내 눈에만. 손자 준희는 남편이 유난히 각별하게 사랑을 표현한다. 몇 달 있으면 첫돌이다. 함께한 2박 3일이 꿈 같이 지나갔다.

　매일 작은 전화기로만 보다가 만지고, 안고, 함께 잠을 자니 더 각별한 것 같다. 조금 유난스럽기는 하지만 어쩌겠는가 이게 우리의 사랑인걸. 아이들이 코너를 돌아서 안 보이게 되면, 우리의 역할은 끝났다.

다시 부랴부랴 교회로 향한다. 아직 해야 할 내 사역이 남아 있기도 하고 순장 교육도 있다. 다음 주부터 시작하는 30일 캠페인, '후회 없는 삶 만들기' 오리엔테이션이 있다. 매주, 예배 후 식사를 하며 순원들과 매주 다른 주제를 가지고 이야기를 나누고, 다짐하고, 생활 속에서 적용해 보는 30일간의 캠페인이다.

내 생애 30일만 남았다면, 어떻게 살 것인가?

후회 없는 삶, 사랑하는 삶, 용서하는 삶, 사명을 이루는 삶. 이러한 주제이다.

나는 죽을 날이 30일이 남았다면 무엇을 바꾸며, 무엇을 하며 지낼까? 자꾸자꾸 생각하게 된다.

화 2025-03-25

제자 양육? 내가 할 수 있을까

지난 토요일, 남편과 두어 달 만에 이웃 동네에 있는 찜질방을 갔다. 이웃 동네라 하지만, 무려 네 시간이나 운전해야 도착하는 곳이다. 남편은 이렇게 말했다.

"우린 목욕하러 서울에서 저기 부산쯤 가는 거야."

남의 나라에 열심히 살아온 시간들에 대한 보상이라 해야 할까. 오래 함께 살다 보니 좋아하는 것이 비슷해져 가는 것을 느낀다. 좋아하는 장르도 같아 드라마 선정에도 다툼이 없다. 여행도 좋아하고, 사우나도 좋아하고, 좋아하는 음식도 닮아간다. 그리고 먼 길을 가는 동안 많은 이야기를 나누는 것 또한 좋아한다.

"자기야, 나 가슴에 큰 돌덩어리가 있는 것처럼 답답해. 내가 다음 주 수요일부터 일대일 제자 양육을 하잖아요. 내가 잘할 수 있을지, 정말 두렵고 떨려. 오랜 시간 교회도 다니고 많은 성경 공부와 양육 프로그램도 했고 오래전에 양육 과정을 마치고 내가 양육해야 할 위치에 있으면서도 자신이 없어. 교회에서 몇 번 권유한 것을 자신 없다는 이유로 거절했었는데, 이번에는 하나님이 내 입술에 할 말을 넣어 주실 거라는 생각이 들어서 받아들이기는 했지만, 걱정이 되는 것은 사실이니까."

"당신은 잘할 수 있을 거야, 전심을 다 하는 사람의 마음은 상대방도 느끼니까. 나도 처음 양육할 때 많이 떨렸으니까, 한두 번 만나다 보면 편안해질 거야."

"정말, 당신이 그렇게 말해 주니까 조금은 안심이 되는 것 같아."

몇 주 전, 양육 담당자가 이렇게 물었다.

"일대일 양육을 원하는 성도가 있는데 집사님이 하셨으면 해요. 하실 거죠?"

나는 "생각해 보고 연락드려도 될까요"라고 했지만, 그때도 거절할 이유부터 생각한 것 같다. 그리고 며칠을 기도하는 중에 하나님이 힘을 주실 것 같아 "제가 할게요"라고 대답했다.

막상 하기로 마음먹고 나니 걱정이 되어 교재를 찾아 읽고 지침서를 읽으며 마음의 준비를 해 왔다. 함께하실 집사님을 위해 날마다 기도하게 하셨다. 좋아하는 것을 하고, 맛있는 것도 먹고, 먹거리 장도 보고. 집에 오는 중에 어둠이 내렸다.

오는 길에 내일 꽃꽂이를 위해 트레이 조에 들러 꽃을 산다. 문 닫을 시간이어서인지 예쁜 꽃은 이미 다 나가고 선택의 폭이 좁았다. '뭐든 미리미리 준비해야지'라고 생각하며, 장 본 것을 냉동실과 냉장실에 정리하고 내일 성전에 놓을 꽃꽂이를 마친 후, 내일을 위해 잠을 청했다.

월 2025-03-31

텔로스(끝까지) 사랑

봄을 재촉하는 비가 대지를 적시는 오후 시간이다. 지난 토요일에는 봄을 기다리는 마음으로 가게에 봄맞이 대청소를 감행했다. 남편은 오는 손님을 상대하고 나는 있는 모든 화분과 장식품, 장식장을 밖으로 내놓고, 먼지를 닦고, 실내를 텅 비워 놓은 상태에서 바닥을 닦은 뒤 다시 디자인해 가며 화초들을 들여놓기를 장장 6시간. 가게 문을 닫을 때까지 쓸고 닦았다.

집으로 돌아오는 차 안에서 끙끙 앓는 소리를 냈다. 화분을 들었다가 놨다, 계단을 오르내리며 장식장의 먼지를 닦았으니 안 쓰던 근육이 놀란 모양이다. 대충 저녁을 먹고, 몸살약을 먹은 후에 잠자리에 들었더니 주일 아침, 상쾌하게 교회로 갈 수 있었다. 요즘 교회에서는 '30일 캠페인'이 진행 중이다. 모두 같은 티셔츠를 입고 성가대 찬양을 부르고, 예배 후에는 모든 성도가 같은 셔츠를 입고 순모임을 가진다.

2주째 주제는 '사랑하는 삶'이다.

"내게 30일만 남았다면 … ."

> 자기 사람들을 사랑하시되 끝까지 사랑하시니라(요 13:1).

순원들과 나눌 주제는 이것이었다.

"사람들을 사랑함에 있어서 아쉬움이나 부족함은 없었습니까?"
"내 가까운 사람들에게 사랑한다는 표현을 자주 하는 편입니까?"

실천하기는 전화기로 가족이나 지인에게 영상 편지를 보내는 것이었다. 총인원 열두 명 중, 오늘 모인 순원들은 일곱 명, 모두 연세가 지긋하시다. 사랑 이야기가 나오니 '젊은 너희나 해봐'라는 시선으로 우리 부부를 바라보신다. 결국, 돌아가며 모두 한마디씩 해야 한다고 하니 그제서야 하신다.

그중 한 권사님은 불과 몇 달 전, 장로님이 지병으로 먼저 세상을 떠나셨다. 결혼생활 60년을 함께하고 사별하셨으니, 아직 아픔이 남아 있어 보인다. 돌아가실 것을 아셨는지 옆을 떠나지 말고 같이 있으라고 하셨단다. 어느 날, 권사님이 장로님께 이렇게 물어보셨다고 한다.

"하나님 만날 준비되셨나요?"

장로님께서는 고개를 끄덕이셨다고 한다.

그래서 권사님은 또다시 물으셨다.

"당신 나랑 60년을 살았는데 사랑한다고 한 번도 안 해줬잖아요. 나를 사랑하기는 했어요?"

그랬더니 장로님은 작은 목소리로 대답하셨다고 한다.

"그럼 60년을 사랑하지 않았으면 그 긴 시간 어떻게 함께 살았을까."

하지만, 끝내 "사랑한다"라는 말은 하지 않으셨다고 한다. 세상에 장로님 참 너무하셨지. 권사님은 말을 마치시며, 조금이라도 젊었을 때 사랑 고백을 자주 하라고 하셨다.

우리는 너무 오랜 시간을 그러려니 하고 사랑 고백을 하지 않고 살았다. 실천하기는 어제부터 혈압 때문에 어지러워서 교회에 못 오신 권사님께 페이스톡을 걸어 한 사람씩 얼굴을 보이며 빨리 회복하시라고, 사랑한다고 모두 즐거운 마음으로 영상 통화를 했다.

우리 부부는 아이들과는 항상 "사랑하고 축복한다"라는 말을 매일매일 한다. 습관이 되면 쉬운 일인데, 안 하다 보면 어려운 것이 사랑한다고 하는 말이다. 지금보다 더 많은 사람에게 진심을 다해 사랑을 전하고 싶다.

`화 2025-04-08`

엄마의 기도

봄에만 피는 꽃들이 계속되어 마음마저 맑은 나날이었다. 요즘 내 마음에 꽂힌 찬양의 가사가 있다. 이 찬양을 들으면 자녀를 위한 기도를 안 할 수가 없다.

〈어머니의 기도〉

어머니의 기도는 땅에 떨어지지 않네
어머니의 기도는 자녀를 살게 하네
어머니의 기도는 반드시 응답받으리
어머니의 기도는 기적을 일으키네
눈물로 뿌린 기도의 씨앗 기쁨의 열매로 거두리
눈물로 심은 기도의 씨앗 하나님 기억하시리
눈물로 뿌린 기도의 씨앗 기쁨의 열매로 거두리
눈물로 심은 기도의 씨앗 하나님 기억하시리
자녀의 삶에 열매 맞으리 시들지 않는 꽃 피우리
환경을 넘어 역사하리라 하나님 열매 주시리
어머니의 기도는 땅에 떨어지지 않네
어머니의 기도는 자녀를 살게 하네 자녀를 살게 하네
기적을 일으키네.

어떤가. 이 찬양, 정말 좋지 않은가. 이렇게 기도는 하지만 실상 눈에 보이는 증거가 없다는 생각이 들곤 한다. 그나마 기도하였기에 이나마 살고 있다고 생각한다. 집에 있는 두 아들과 전화로 대화할 때 내가 제일 많이 하는 단어가 있다. 바로 이것이다.

"밥은 먹었니?

오늘은 밥 같이 먹니?"

내 잔소리로 클 나이는 지나도 한참 지났다는 것을 인정하고 난 다음부터는 정말 할 말이 그다지 없었다. 알아서 직업들 가지고, 알아서 자기들 일 잘 다니고. 삼시 세 끼 다 집에서 먹는 것이 아니니까 아침에 도시락을 싸 주고 가끔 저녁을 같이 먹는 것이 전부다.

막내는 농구한다고 빠지고, 친구랑 약속 있다고 빠지고. 그래도 나이가 조금이라도 많은 둘째는 함께하는 시간을 가지려 노력하는 모습을 보여 주니 감사해서 절이라도 할 마음이다. 하지만, 그런 막내에게도 꼭 지켜야 하는 룰이 있다. 일주일에 쑥 한 번 저녁은 나 같이 먹어야 한다는 것이다. 두 아들이 합의하여 날을 정해 놓으면 그날은 온 가족이 식탁에 앉는다. 밥만 먹고 약속이 있다며 나가는 경우도 종종 있지만 그래도 한 자리에 앉아서 밥을 먹는 것이 중요하니까 용서한다.

이 아들들마저 우리 곁을 떠나고 나면 이런 시간들이 많이 생각나겠지. 행복했던 추억으로 기억될 것이다. 남들은 다 큰 아들들 아직도 밥을 해 주냐고들 묻지만, 내가 제일 잘하는 것으로 사랑의 표현을 해야 하니 '밥'이다. 장가가서 자식 낳고 사는 큰아들에게도 내 인사는 똑같다.

"밥 먹었니?"

화 2025-04-15

신기루

　신기루 현상이란, 실제가 아닌 위치에서 보이는 현상을 말한다. 더 복잡한 정답이 있겠지만, 내가 이야기하려는 신기루 현상은 내가 가지고 있는 어떤 생각을 이야기하고 싶어서 이런 제목을 내놓게 되었다. 행복이란 단어도 무척 추상적이다. 아무도 그 실체를 알지 못하기 때문이다. 그 이유는 각자 생각하는, 추구하는 행복이 다르기 때문일 것이다.

　믿음 또한 그렇다고 할 수 있다. 우리가 누구를 보고 "저 사람이 믿음이 아주 좋아" 이렇게 말을 할 수는 있겠지만, 실상은 하나님 앞에 서 봐야 아는 것이니 우리는 모른다. 행복하기 위해 쫓아가는 여정이 신기루 현상이 아닐까 생각해 본다. 저 너머에 행복이 기다릴 것 같아 지금 힘든 시간을 이겨 내 보았지만 실상은 찾지 못하는 것이 행복인 경우가 많음을 본다. 믿음 또한 마찬가지다.

　목사님들이 설교에서 제일 많이 하시는 이야기 중에 하나가 이것이다. "매일 새벽 예배에 잘 나오고 기도 시간 많이 갖는다고 믿음이 있다고 할 수 있는가?"

　모든 공예배에 참석하고 교회 일을 많이 한다고 믿음이 있다고 할 수 있는 것일까?

　예수님은 그런 기준으로 믿음을 평가하지 않으신다. 요즘 우리는 사순절을 보내는 동시에 고난 주간을 보내고 있다. 고난 주간을 보내면서 드는 나의 얄팍한 생각이 나의 양심을 건드리고 있었다. 왠지 예전과 같지 않은 신앙생활, 기도생활, 예배생활, 뜨겁지가 않다. 매일 재미있을 수는 없겠지만, 요즘은 뭔가 다르다. 풍선에 바람이 빠진 것 같다.

　외부에서 받아야 하는 영향력이 없어서인가?

신앙생활은 다른 누군가에게 도전을 받고 다른 사람의 신앙생활에서 나의 부족한 신앙생활을 뒤돌아보는 것이기도 한데 요즘은 그렇지 못하다. 40주년을 앞둔 우리 교회, 교회를 떠나가는 사람이 많다. 또한 주중 예배는 빈자리가 대부분이다. 기운이 나지 않는다. 신이 나지 않는다.
　그럼 나는 무엇을 하러 교회에 가는가?
　책임감, 습관적으로, 나라도 가야 될 것 같아서. 이 이유가 타당할 리가 없다. 하나님이 기뻐하지 않을 이유이다. 그렇기에 마음이 답답하고 답답하다. 하지만, 그럼에도 나는 오늘도 교회에 예배드리러 간다.
　"내가 지켜야 할 자리이기에 … ."

화 2025-04-22

고통 중에 얻은 감사

매일 매주가 바쁘게 흘러간다. 지난주에는 아침과 저녁 두 번씩 교회를 오고 가는 고난 주간이어서 일주일이 금방 지나간 것 같다. 특히, 저녁 기도회에는 일을 끝내고 바로 오는 사람들을 위해 저녁 간식을 준비하는 일로 더 분주했다. 담당하는 사람은 없었지만, 누군가 시작하면 자연스럽게 그다음 사람이 정해지고, 또 그다음 사람이 정해져 일주일을 채웠다. '화목이 교회의 힘'이라는 말처럼, 아름다운 일이 아닐 수 없다.

7월에 권사 임직을 받는다. 그래서 매달 교육이 있고 읽어야 하는 책이 몇 권이다. 그중에 읽고 독후감을 써야 하는 『행복한 권사』라는 제목의 책이 있다. 읽을수록 부담스럽다. 교회의 모든 책임은 다 권사에게 있는 것 같은 느낌을 받는다. 나는 이 일을 잘 감당할 수 있을지 마음의 부담이 있다. 섬기는 교회는 40주년을 맞는 청년에서 중년으로 넘어가는 과정에 있다.

권사님도 많고, 장로님도 많지만 아직 노후가 된 교회는 아니다. 교회에는 연세 많으신 분이 많다. 많은 권사 중에 열심히 섬기시는 권사님들은 다섯 명 안팎이다. 공천 때마다 권사는 그만 뽑아야 한다고 목소리를 내지만 차례를 기다리는 분들이 있으니 어쩔 수 없이 또 공천을 한다. 하나님의 예비하심을 믿는 우리들이니 그 섭리를 받아들이면 되는 것이다.

오랫동안 다리의 경련을 호소하여 걷기 운동을 못하고 있었다. 다리 경련이 안 일어나는 것은 아니지만, 그래도 걷는 것이 여러 가지로 좋다 하니 다시 아침 운동을 하며 오늘 하루를 시작했다. 다리 경련으로 인해 얻은 것이 있다면 남편의 사랑이다.

새벽에 일어나는 경련은 극심한 고통이어서 자는 남편을 울며 깨운다. 깜짝 놀란 남편은 어찌 할 바를 몰라 뻣뻣해진 다리를 열심히 주무른다. 심할 때는 하루에도 몇 번씩 곤히 자는 남편을 깨우는 것이 미안하지만 나도 죽겠으니 하는 수 없다. 아픈 부인을 위해 인터넷을 열심히 뒤져 그 방면엔 지식이 많다. 그 덕분인지 매일 몇 번씩 괴롭히던 경련은 사흘에 한 번 이틀에 한 번꼴로 줄었다. 남편에게 고맙고 감사하다.

월 2025-04-28

지나간 시간, 다가오는 시간

저 멀리 새소리가 들리고, 따뜻한 바람과 조금은 따가운 햇볕이 조용히 내리쬐는 시간이었다. 아들네에서 하루 자고 온다고 들뜬 마음으로 준비하느라 일주일이 순식간이었다.

우리 집도 집이지만, 아들네 집 입구의 정원을 꾸며 주는 것이 내 오래된 꿈이었다. 잠시 갔다가 오는 방문엔 하기 힘든 작업이라 차일피일 미루었는데, 큰아들이 자기네 집에서 하루 주무시고 가면 어떠냐고 하길래 겸사겸사 그 일을 할 수 있게 되어 너무 즐겁고 행복한 1박 2일의 시간을 보내게 되었다.

손녀, 손자는 쑥쑥 자라 우리를 행복한 노인네로 만들어 주었고 조금씩 며느리의 모습으로, 두 아이의 엄마로, 아내로 자리매김해 가는 며느리에게 감사함을 느끼게 하는 시간도 되어 주었다. 주일에는 아들이 다니고 있는 미국 교회에서 경험하는 예배를 드리게 되었다. 인사 잘하는 미국인들이 새로운 얼굴에게 너무 친절히 인사를 건네는 모습에서 새 교우들이 교회에 정착하기가 너무 힘든 이유를 발견하게 되었다.

어제까지 지나간 시간들의 이야기였다. 내게 다가오는 시간을 준비하기 위해 분주히 계획을 세웠다. 이번 주 금요일부터 주일까지 교회협의회 주최로 부흥회가 있다. 한국에서 오시는 초청 목사님은 내가 오랜 시간 사모하며 말씀을 듣던 맛나교회의 김병삼 목사님이다.

오랜 시간 공들여 준비하신 담임목사님(교회협의회 회장) 덕분에 귀하신 목사님을 우리 집에 모시게 되었다. 사모하며 말씀을 듣던 목사님이라 더 행복한 마음으로 준비하게 되는 것 같다.

토요일 점심 준비로 섬기게 되는데, 오시는 목사님들이 열 분 정도라 하니 그리 마음의 부담은 없다. 그전에는 한꺼번에 스무 명, 서른 명도 거뜬히 상을 차렸던 일이니 이 정도는 아무것도 아니었다. 다녀가신 목사님들과, 선교사님들, 그들을 집에 모셔 기도로 축복받을 수 있게 하시는 주님께 너무 감사했다. 메뉴도 정했으니 내일쯤 장을 보고, 또 그다음 날쯤 대청소를 하면 된다. 이미 '박진희 표' 깍두기는 담가 놓았고, 밑반찬으로 할 모든 재료는 냉장고 안에 가득하다.

그리고 우리 집 막내로 내게 보내 주신 아들의 24번째 생일이 토요일이기도 하다. 목사님 초대와 같은 날이라 조금은 미안한 마음이지만, 아들에게 충분히 이야기하여 저녁 집회 전에 외식하는 것으로 잘 조율이 되었다. 아직 우리를 떠나지 않고 곁에 있어 생일도 챙겨 줄 수 있어서 아들에게 감사하다. 그리고 이 모든 일이 내게 주어져 잘 감당하게 하시니 감사하다.

함께 읽으면 좋은 도서

❶ 미국 이민 목회 이야기 (분쟁에서 자랑스러운 교회로)
신윤일 지음 | 국판변형 | 180면

❷ 미국 이민 목회자의 코로나 바이러스 일기
신윤일 지음 | 국판변형 | 184면

❸ 일상과 일터의 영성
안건상 지음 | 국판변형 | 196면

❹ 작은 일상 큰 은혜
마이클 A. 밀튼 지음 | 전요섭, 김영경 옮김 | 신국판 변형 | 264면

❺ 신앙 정체성과 성령의 삶
톰슨 매튜 지음 | 전요섭, 주영광 옮김 | 신국판 | 268면

❻ 코로나 일상 속 신앙, 교회, 삶
박동식 지음 | 신국판 | 252면

❼ 내 삶을 다스리는 하나님의 은혜
이응윤 지음 | 신국판 | 776면

❽ 나의 삶, 나의 신앙
이창수 지음 | 신국판 | 280면

❾ 섬기는 삶은 이처럼 아름답다
찰스 R.스윈돌 지음 | 이재기 옮김 | 신국판 | 244면

❿ 미몽에서 빛을 보다
배용찬 지음 | 사륙판 | 288면

⓫ 눈물로 쓴 편지
오귀순 지음 | 국판변형 | 284면

⓬ 지금은 안아 주어야 할 때
오귀순 지음 | 국판변형 | 260면

⓭ 그대에게 드리는 시와 편지
오귀순 지음 | 국판변형 | 184면